天下归仁

专论企业社会责任

骆紫薇◎著

中国经济出版社
CHINA ECONOMIC PUBLISHING HOUSE
·北京·

图书在版编目(CIP)数据

天下归仁：专论企业社会责任／骆紫薇著．--北京：中国经济出版社，2023.12

ISBN 978-7-5136-7606-9

Ⅰ．①天… Ⅱ．①骆… Ⅲ．①企业责任-社会责任-研究 Ⅳ．①F272-05

中国国家版本馆 CIP 数据核字(2023)第 246172 号

策划编辑　姜　静
责任编辑　王西琨　马伊宁
责任印制　马小宾
封面设计　任燕飞设计工作室

出版发行　中国经济出版社
印 刷 者　北京艾普海德印刷有限公司
经 销 者　各地新华书店
开　　本　710mm×1000mm　1/16
印　　张　13
字　　数　210 千字
版　　次　2023 年 12 月第 1 版
印　　次　2023 年 12 月第 1 次
定　　价　78.00 元
广告经营许可证　京西工商广字第 8179 号

中国经济出版社　**网址** www.economyph.com　**社址** 北京市东城区安定门外大街 58 号　**邮编** 100011
本版图书如存在印装质量问题，请与本社销售中心联系调换（联系电话：010-57512564）

内容导读

本书第一章详细分析了中国企业当前所面临的外部环境，揭示了三个方面的重要变化——道德伦理化的消费环境、危机常态化的媒体环境，以及企业社会化的制度环境，深度阐述和驳斥了企业社会责任的古典观点——股东利益和企业社会责任二元对立观，介绍了企业契约理论、企业产权理论的发展及企业社会责任合法性的最终确立，最后以中国国策转向的现实分析，提出一个论断：中国企业普遍履行社会责任的时代已经到来。企业家、企业管理者如何从企业社会责任中获得战略先机，所谓“以德以善，天下归心”，已经成为一个十分重要且具备高度现实意义和实践价值的问题。

在帮助读者完成观念转变之后，本书用六章内容逐一介绍企业社会责任的五个重要且前沿的知识点。

有些企业家已经先行预见到了企业社会责任的战略机会，他们勇于践行，敢为天下先，却并没有因为洞察先机而先人一步，反而一脚跌进了企业社会责任的“道德困境”。他们花费人力和财力不仅没有提高品牌声誉，反而招致了“伪善”名声。《孙子兵法》有言：“善战者，胜已败之敌也。”管理者以企业社会责任制胜，也应该先不求胜，先求不败。

第二章和第三章，探讨了企业社会责任的道德困境，分析并识别了某些企业履行社会责任的错误策略，帮助企业管理者以前车为鉴，先立于不败之地，再寻求制胜之机。

第四章，探讨如何正确履行企业社会责任以积累道德资产。

第五章，讨论企业履责中同行模仿的管理决策困境和正确抉择。

第六章，介绍企业如何以善因营销来左右消费者态度，并揭示其背后的五种机制。

第七章，关注如火如荼的网络公益现象，介绍如何以虚拟企业社会责任构建多方利益相关者共同参与的紧密同盟。

行文风格说明和阅读指引

鉴于本书为学术专著，第一章“企业履行社会责任的时代机遇”，属于开篇引导性内容，主要是揭示当前企业履行社会责任的重要性，尽量提高内容的可读性、趣味性，以期达到科学普及的目的。在接下来的六章中，本书同样希望保留其可读性和趣味性，所以会继续引入案例作为观点的例证，改善一般读者的阅读体验，增强管理者视角的思想表达和内容输出。同时，本书不失学术专著应有的科学规范，这就包括正文中大量的引用来源标注、英文术语对照，以及学术论文必备的假设推演、实验设计和数据分析等内容。非学术圈的管理从业人员、工商管理硕士(Master of Business Administration，MBA)和高级管理人员工商管理硕士(Executive Master of Business Administration，EMBA)学生，可以忽略引用标注的内容和英文术语对照，跳过实验设计和数据分析部分。

基金标注与致谢

本书主要由本人以第一作者署名发表的十多篇企业社会责任相关论文集结而成，属于“国家自然科学基金青年项目——企业为何履行社会责任却落得伪善名声？企业社会责任类型和感知品牌伪善间的关系研究”（课题号：71602072）的阶段性成果，同时为作者所主持的国家自然科学基金面上项目（课题号：72272062）、广东省自然科学基金面上项目（课题号：2022A1515012048）的后续研究奠定理论与团队准备，并夯实研究基础。

本书在思想形成、研究探索过程中，得到了以下教授、学者的启发和指点，特此致以衷心的感谢。他们是：

暨南大学的卫海英教授、杨德峰教授，中山大学的王海忠教授，深圳大学的周志民教授，广东财经大学的王静一副教授，香港大学的周政教授，匹兹堡大学的詹妮弗·尚（Jennifer Shang）教授。

本书得以出版要感谢暨南大学管理学院的大力支持，感谢研究生办公室张泳主任及其团队的有效组织，感谢中国经济出版社的姜静老师和马伊宁老师的辛勤付出。

感谢我的学术团队为此学术成果的形成所贡献的聪明才智、汗水与泪水，他们是黄晓霞、吕林祥、吴毓婷、郭艳。

感谢我的研究生曾君美、桓煜晴、赵凤晴、张海芳、许家铭为本书所做的大量烦琐、细致、严谨的校对工作，感谢他们的辛勤付出。

感谢我的父母对我的培养，感谢海莲娜（Helena）和劳（Laurenţiu） 在我海外学习期间给予的关心照顾，感谢多伦多大学的高才生凌（Ling）对我的大力帮助，感谢我的儿子刘衍逅对我独自出国学习的理解，谢谢我的家人的爱。谨以“设拉子夜莺”哈菲茨的诗表达我的感谢之情。

我曾问过一只鸟
你是怎样
在这黑暗的
重力下飞翔?
她回答说,
是爱举起了我。

知识产权声明

最后，受本人的水平所限，本书存在诸多不足之处，敬请同行专家学者不吝赐教！

骆紫薇

2023 年 1 月于暨南园

前言 Preface

科学进步必然是政府、企业、社会的重大利益所在。科学不应该仅属于科学家。很多前沿的科学知识极大地有利于优化人们的决策质量，却并没有向大众进行广泛传播。科学的成功来自证据和循证思维，而证据和循证思维是所有人都可以掌握的。

本书是作者多年来对如何通过正确履行企业社会责任来获得战略优势和管理效率问题思考研究的理论成果。本书首先是一本学术专著，必须具备学术专著应有的科学规范，才能与同行进行学术交流。在此基础上，行文风格上格外关注可读性、趣味性，与大量现实案例相结合，改善一般读者的阅读体验，增强管理者视角的思想表达和内容输出，以期达到科学普及的目的。

我们先贤的开拓精神依旧在这片国土上激荡！开拓者掌握着改造商业社会的工具，而科学知识为开拓者打开了广阔的、未被充分开发的领地。谨以此书献给广大的中国企业家、管理者、MBA 学生，以及学术圈同样从事企业社会责任研究的大学教授、学者、科研人员！希望为中国企业社会责任的战略和管理实践提供有效指引，为企业社会责任研究的理论发展略尽绵薄之力！

目录 Contents

第一章
企业履行社会责任的时代机遇

2021 年，一个原本濒临倒闭的国产运动品牌“鸿星尔克”忽然火上微博热搜，共计产生 6.7 亿流量，12 万个讨论帖。仅仅 3 天，热情的网友为其线下门店贡献销售额超过 1 亿元，线上网店销售额更是高达 3 亿多元。在直播间里，主播面对动辄抢购一空、网友不断要求“拿出你们最贵的产品”的热情呼声，只能频频劝诫网友务必“理性消费”。几天之内，鸿星尔克总裁吴荣照的粉丝数量暴涨到 100 多万人。当网友们发现“鸿星尔克”的官方微博没有购买新浪微博会员之后，不断有热心网友自发帮其充值会员，导致其官方微博会员已续费至约 120 年后的 2140 年。不仅如此，关于“鸿星尔克”的后续话题也在不断发酵，一个指出鸿星尔克品牌标识（logo）像“一只伸出的援手”的帖子引发网友热烈讨论，让网友对鸿星尔克的品牌好感度更上一层楼；网友们还纷纷晒出自己买到、穿上鸿星尔克的衣服、鞋子的图片，一时间，穿“鸿星尔克”成了民众争相炫耀的资本。

那么鸿星尔克因何备受瞩目，成为大众宠儿？这次事件的起因为 2021 年河南爆发“千年一遇”的重大水灾，水灾牵动了全国人民的心。值此之际，网友们意外地发现，销售额在行业内并不突出的鸿星尔克竟默默向灾区捐赠了高达 5000 万元的钱物，却不为大众所知。这一善举被爆出后，立刻激发了全国人民支持鸿星尔克、争相抢购鸿星尔克产品的巨大热情，以回馈具有社会责任感的爱国企业。

无独有偶的“幸运”企业还有“白象”方便面。2022 年，“白象”方便面频频登上热搜，销量暴涨200%。白象的爆红同样源自其高度的社会责任感。2022年“3·15”晚会曝光湖南某菜业防腐剂严重超标、作业过程极不规范的“土坑酸菜”乱象后，占据行业市场份额46%的“某师傅”、15%的“某一”方便面等行业领先企业纷纷中招，销售受挫、形象大损。正当业内人人自危之际，占市场份额7%的“白象”企业在微博明确表态——“一句话，(与‘某菜业’)没合作，放心吃，身正不怕影子斜”。白象这一硬气回应瞬间冲上微博热搜，赢得无数民心。2022年3月18日，“白象三分之一员工是残疾人”的话题又一次登上微博热搜。此后白象又先后爆出坚持民族品牌、拒绝日资收购、主动聘用残障人士、低调捐助灾区等默默履行社会责任的感人事迹……网友评论道：“自己明明就在暴风雨中行走，却还要想着帮他人挡雨”，并喊出“吃面就吃白象方便面”的口号，一时间无数网友挤爆白象直播间。继鸿星尔克之后，白象成为又一个被网友们“野性消费”的品牌。

第一节　道德伦理化的消费环境

鸿星尔克、白象方便面的爆火，既反映了中国经济发展步入小康社会所夯实的、具有企业社会责任期望的民众基础，也是儒家道德治世的文化传统以及疫情启动的道德净化的社会环境的综合产物。

一、企业社会责任期望的民众基础

中国企业社会责任公众调查表明，收入水平的上升、教育程度的提高和市场经济的深化，显著增强了中国公众对企业社会责任（Corporate Social Responsibility，CSR）的关注程度（金碚和李刚，2006）。实证研究更进一步发现，在中国市场上确实存在具有社会责任意识的消费者，他们关注并且支持企业在更高层面上的企业社会责任行为，这些消费者占被调查人口的38%（邓新明等，2011）。早在1995年，美国学者罗伯茨（Roberts）在大样本调查的基础上得出具有社会责任意识的消费者占美国人口32%的结论，推动了企业社会责任理论和实践的深化发展。而在当前改革开放、经济转型升级助推下，不断进步的中国社会中，企业履行社会责任的外部条件也日渐成熟。来自中国的数据表明，企业社会责任对中国消费者的购买决策具有和对西方消费者一致的显著正向影响，表现在履行企业社会责任的企业能优化品牌形象、提升市场销量、强化品牌关系等方面，并在出现产品质量或服务失败等危机时对品牌产生屏障保护作用等（Sen and Bhattacharya，2001；Luo and Bhatt - acharya，2006；金立印，2006；周延风等，2007；马龙龙，2011）。

中国企业社会责任发展史上，此类实例颇多，比如依靠捐款一举成名，并打开“凉茶北上之路”的著名企业——加多宝，从此开启中国凉茶产业崛起的征途。2008 年 5 月 12 日，四川汶川发生了 8 级超大地震，地震中，69227 人遇难，374643 人受伤，17923 人失踪，此次地震严重破坏地区超过 10 万平方千米，其中，极重灾区共 10 个县（市），较重灾区共 41 个县（市），一般灾区共 186 个县（市），这是新中国成立以来所遭遇的破坏力最大的地震，史称“5・12”大地震。天灾一出，举国震惊，社会各界纷纷慷慨解囊，全国上下，齐心协力，抗难救灾，一时间形成了“一方有难，八方支援”的盛大局面。5 月 18 日晚，在万众瞩目的中央电视台“爱的奉献——2008 抗震救灾募捐晚会”现场，当时寂寂无名的凉茶企业加多宝，宣布向地震灾区捐款 1 亿元，创下民营企业单笔捐款的最高纪录，在全国所有企业捐赠排行榜中位列第三，仅次于中国移动和中国电网。央视新闻播出之后，王老吉名扬天下。捐款事情又很快在网络上发酵，一篇题为《让王老吉从中国的货架上消失！封杀它!》的帖子在网络热传。“王老吉，你够狠！捐一个亿！为了整治这个嚣张的企业，买光超市的王老吉！上一罐买一罐!”虽然这篇帖子只有短短 40 多个字，却广泛传播，影响甚广。消费者之间甚至开始流传起一个朗朗上口的口号：“要捐就捐 1 个亿，要喝就喝王老吉!”捐款之后的短短 3 年间，当时还叫王老吉的加多宝销售总额超过 160 亿元，可以说，加多宝集团缔造了一个属于饮料行业的传奇。加多宝履行企业社会责任的捐款救灾行为当然只是建成“加多宝”这座品牌大厦的众多环节之一，却是其中不可或缺的一环。可以说，加多宝“在正确的时间、正确的地点，打了一场正确的战争”。一个具有企业社会责任期望的民众基础，为加多宝的企业社会责任行为提供了极佳的外部环境。

可以说，鸿星尔克、白象、加多宝等企业的成功，一定程度上例证了学术圈的一个共识，即在一个具有企业社会责任期望的民众基础构成的外部环境中，采取伦理行为的企业将建立更好的公司与产品形象（Sen and Bhattacharya，2001；Luo and Bhattacharya，2006；金立印，2006；周延风等，2007；马龙龙，2011）；而企业的伪善或“为富不仁”则会反过来引发消费者对公司产品的负面评价与抵制（Thompson，1995；Murray and Vogel，1997；Wagner，2009；Lammers et al.，2010；Janney and Gove，2011）。作为反面教材，不得不提中国企业社会责任发展史上的另一个极端案例，即某企业“捐款门”事件，这使该企业面对巨大的舆论压力。从此，该现象进入中国公共关系管理、企业社会责任等领域的研究视野。具有社会责任意识的民众基础，影影绰绰，在这些重要事件背后隐现其身姿。

二、儒家道德治世的文化传统

中国传统的道德以“五常”思想为核心，贯穿中华伦理道德的发展历程。朱熹曾有言“百行万善总于五常”，可谓中国人价值体系中的关键因素和根本行为准则。这也应与槐亚婷（2013）所指出的历史上“三纲”主要谈封建法权，而“五常”更着重道德自觉有关。孔孟以至董仲舒提出的“仁义礼智信”五常思想本是儒家传统，关注的是人格发展，寻求的是文化认同（杜维明，2002），至于后世将“五常”思想演变成君子“修身、齐家、治国、平天下”的一种差序社会的构建工具，形成“纲常名教”等具体的行为模式和规范，则并非孔孟的本意，被梁漱溟（1986）批为“泥于形式，浸失原意”。虽则如此，历经千年的封建统治，五四运动以来学术界论辩将“儒家思想”从“儒教中国”中剥离出来（杜维明，2002），儒家道德治世的文化传统得以继承。社会各阶层关于“居上位者，须德才兼备，德更先于才”的文化共识延续至今。

在中国传统商人中广泛流传着“仁中取利真君子，义内求财大丈夫”“君子爱财，取之有道”“以礼接人，以义应事”等俗语，说明了商贾在儒家思想影响下形成的道德自觉，谓之“义”（梁德阔，2010）。此外，“五常”中又以“信”构成儒商的价值观核心，最受成功商贾推崇，比如明代商贾（陈宝良，2004）。在新安理学的熏陶下，古代经商成功的典型代表之一——徽商也将“信”作为立身行事的指南。有史记载，一徽商把从商经验总结为：“惟以诚待人，人自怀服；任术御物，物终不亲”（梁德阔，

2010)。不只商人在儒家道德治世思想的影响下形成了自己的道德自觉,百姓也普遍对成功商人抱有更高的道德期待。

近代营销领域的研究发现,由于受到儒家价值观的熏陶(辛杰,2013),中国消费者呈现更高程度的企业履责体验(Yoon,2009)和更高的企业社会责任期望(罗鑫,2004)。研究还发现,相比"三纲",消费者对"五常"表现出更高的品牌价值观期望(王丽娟和罗小贞,2013)。更进一步的是,儒家价值观不仅会影响顾客对企业社会责任的响应(王德胜,2014),还会影响感知价值(潘煜,2009)、购买意愿(Zhang and Jolibert,2003;高玉平等,2014),及其与企业的关系(王丽娟和高玉平,2013)。

因此,国内企业的成功之道与西方企业的不同之处在于,更强调为富要"仁",在民众的内在评价体系中,"德"更胜于"才"。而履行企业社会责任,正是"德"的体现。可以说,企业履行社会责任,在国内有更深远的文化渊源。纵观商业历史,因德成事者多,因德败事者也多。如前例中,逆风翻盘的鸿星尔克、异军突起的白象、打破困局的加多宝,都是因"德"成事者;而形象急转直下、平地惊雷的某房地产企业,则是因"德"败事者。"德行",或者说企业履行社会责任之于商业成功的重要性,也由此可见一斑。过往的商业理论中,更加强调质量第一,已经在企业家群体中建立起了牢固的"以质取胜"的竞争策略,但是这种思维的普遍性已经让其成为策略上的"红海",而履行企业社会责任、"以德取胜"的策略却是一个竞争的"蓝海",值得重视中国市场的商业人士考量。

三、疫情启动的道德净化的社会环境

进化心理学发现,"厌恶"这一情绪作为人类的七种基本情绪之一,能够帮助人们远离威胁生存安全的危险源,比如疾病。不同于恐惧所引发的冻结性反应(Smith and Ellsworth,1985)(比如呆若木鸡、魂飞天外、重手累足正是形容这种冻结性反应),厌恶能快速引发回避性反应。从进化心理学对情绪的理论解释来看,肆虐全球的新型冠状病毒毫无疑问启动了全社会的厌恶情绪,尤其是作为疫情控制典范的我国,相比直面生死危机的恐惧情绪,厌恶情绪覆盖了更广泛的人群。

而人们当下经历的情绪状态对后续行为决策的潜在影响是多方面的,

比如情绪影响人们自律的目标、影响人们的认知性思维倾向，以及人们处理特定信息的动机（So et al.，2015）。Tiedens 和 Linton（2001）指出，人们进行信息处理的动机有三种——精确性动机（Accuracy motive）、防御性动机（Defense motive）和压抑性动机（Impression motive）。其中，精确性动机的高低会导致人们分别启动两种不同的信息加工方式，即当精确性动机高时，人们将采取精细化加工方式（Elaboration processing）；当精确性动机低时，人们则采取启发式加工方式（Heuristic processing）。简单而言，精细化加工是一种相对理性、调动大量认知资源进行逻辑推理和论证的认知加工方式，启发式加工则快速简单得多，包含联想、投射、比喻、简单推断等认知方式。而厌恶情绪恰恰会导致启发式加工。作为确定性评价相关的情绪，厌恶不同于希望、恐惧。后两者的情绪评价维度中确定性更低，而厌恶的情绪评价维度中确定性更高。确定性更低的希望、恐惧等情绪会启动精细化加工，而确定性更高的厌恶情绪则会启动启发式加工。由于启发式加工更加简单和快速，相对缺乏足够理性，厌恶更可能导致较高的道德评判和净化冲动（Horberg et al.，2009）。

伴随着消费者对“鸿星尔克”和“白象”的野性消费、热情支持而出现的网民冲击竞争品牌直播间致其停播、某企业微博被攻陷等现象，可以看作道德评判和净化冲动的产物，是同一枚硬币的反面。道德净化的心理占据上风，并会在消费领域的诸多方面体现出来，比如“为有良心的企业买单”的“情绪化消费”现象。同理，华为近几年声誉高涨，俨然成为国内领军企业，“买华为”成为一种社会的隐性规范，这种现象和疫情启动的道德批判、道德净化的社会环境同样不无关系。在启发式认知加工下，“买国货”“赈灾捐款”“民族企业崛起”等都隶属同一个评价体系，都是“德行”，都是“大节”，民众用“买单”“传播网络口碑”等方式从道德上弘扬和批判相关企业，是其有限的而又现实可行的方式，是其进行道德净化的手段和工具。消费作为人们日常的、不可或缺的生活方式之一，一直承载着满足功能性需要之外的更多的精神需要，包括社会性的、心理性的需要。符合社会共识的道德标准属于社会性的需要，符合个人内化的道德标准则属于心理性的需要。通过消费来实现道德净化，是满足人们道德情感的重要形式，所谓“惩恶扬善，大快人心”。疫情启动的道德净化的社会环境，就为企业履行社会责任提供了更加强烈的、更具规范性的时代机遇。

第二节　危机常态化的媒体环境

2022 年，号称“顶流塌房元年”。网络语“塌房”狭义指偶像明星谈恋爱被曝光，广义指明星人设崩塌。2022 年以来，明星人设崩塌的现象层出不穷，媒体先后爆出明星代孕弃养、阴阳合同、未婚先孕、离婚丑闻、考编争议、不雅聊天等屡上热搜、造成全国性影响的明星丑闻，这还不包括更大数量的、关注度较低的明星的丑闻，比如为无良企业带货、假名媛等。为什么即便是国内顶级的明星及其经纪公司、相关资本方也免不了频频身陷危机，甚至被封杀、入狱，葬送无量星途？

以上历数的明星丑闻是企业危机常态化的一个极端缩影。明星处于聚光灯下，出现问题，似乎见怪不怪。但是只需粗略回顾社交媒体时代之前的演艺圈，会很容易发现，当今明星身陷危机乃至“塌房”的概率已显著提升。可以说，当今的媒体环境对企业、品牌、明星而言，都是一个危机常态化的高危环境。接下来，本书就从学理角度分析一下，为何当今的媒体环境是一个危机常态化的环境。

一、媒介环境论视角的主流媒体的更迭分析

首先是主导性媒介的权力更替。电视曾经作为主导性媒介，在当下，毫无疑问已经交出了其权力宝座。一个标志性的现象是，中央电视台的传播力下降。中央电视台黄金广告位招标会曾经一票难求，短短几秒钟的黄金广告位价值以亿元计，而今明显今非昔比。国内家电业巨头海尔集团甚至停止了硬广投放，内部会议爆出消息称，没有价值交互平台的交易都应该停止，“投放硬广广告，将由经办人个人买单”。

电视的败退，取而代之的是社交媒体走上台前。根据媒介环境学理论，新兴媒介的广泛使用将改变人们的互动方式、社会结构、精神面貌及心理结构（Cooley，1909；Mcluhan，1994；Postman，2005）。比如，纸媒主导的时代，文字传播的逻辑性更强，更有利于人们对信息的深度思辨；而电视主导的时代，图片传播相对缺乏理性和逻辑，感官刺激更强，更容易在娱乐中通过“隐喻”完成似是而非的说服。这种主导性媒介的变化，甚至影响了最高政治权力的更迭，比如选票的争夺方式从林肯时代的法官

间持续大辩论，转换为尼克松时代的政治娱乐化。“美国前总统理查德·尼克松曾把自己的一次竞选失败归罪于化妆师的蓄意破坏，他就如何严肃对待总统竞选整个问题给了爱德华·肯尼迪一个建议：减去 20 磅[①]体重。……似乎胖子已经在事实上被剥夺了竞选任何高层政治职位的权利，或许秃子也一样不能幸免。（Nell Postman，2003）……我们似乎达到了这样一个阶段：政治家原本可以表现才干和领导能力的领域已经从智慧变成了化妆术。”在这里，透过电视媒体发挥说服作用的“隐喻”即是：好看的人更聪明、更有能力。基于类似如此的分析，著名学者尼尔·波兹曼在其广受关注的著作《娱乐至死》中分析道：……由于影像（电视）代替文字（书籍）成为主流媒介，“一切公众的话语权都日渐以娱乐的方式出现，并成为一种文化精神。我们的政治、宗教、新闻、体育、教育和商业都心甘情愿成为娱乐的附庸……其结果是我们成了一个娱乐至死的物种”。媒介环境学的代表性人物马歇尔·麦克卢汉的著名论断“媒介即信息”，可谓对这一学派观点的高度总结，他们把社会主导性媒介对于文化精神重心和物质重心的形成所具有的影响提到了决定性的高度。对于网络技术衍生的电子媒介，他自然寄予厚望，曾预言道：电子媒介带来的信息的“即索即得”将创造更深层次的民主和平权（Mcluhan，1994）。从媒介环境学的角度而言，社交媒体所创造的新型互动方式也必将如智者口传的谚语、歇后语和寓言故事、书籍、广播、电视等曾经的主导性媒体一样，改变个体人格、群体心理，乃至社会结构，而它最先改变的就是信息传播方式、媒体环境。

二、社交媒体重塑的危机常态化的媒体环境

那么以 Web 2.0 技术催生的社交媒体，具有哪些特点，会带来哪些重要影响呢？

多位学者对 Web 2.0 技术和社交网站对传播方式的改变进行了论述。Kaplan 和 Haenlein（2010）将社交媒体定义为是建立在 Web 2.0 的思想和技术基础上的，允许用户生成内容的应用程序组合。它会带来四个方面的重要变化：

---

① 1 磅≈0.45 千克。——编者注

（一）Web 2.0 技术所创生的社交媒体时代，赋予了公众话语权，人人都是自媒体

Ball-Rokeach 和 Reardon（1988）分析并指出了三种传播形态，大众传播（如电视、广播、纸媒等）是独白式的传播形态，人际传播是对话式的传播形态，而以信息传播新技术为手段的传播，则是电子对话式的传播形态，相当于信息传播新技术在无限制的时空范围内复现了人际传播这种最丰富的媒介形式。最为恐怖的是，大众传播是非常昂贵的稀缺资源，只为少数人、少数组织所掌控。伟大领袖毛泽东曾经有一句名言："枪杆子里出政权。"而能和枪杆子并驾齐驱的，其实还有"刀把子""钱袋子"和"笔杆子"。话语权，实际上构成了第四权。但是当今信息技术发展的这种破坏性创造，所造就的比大众传播更强大、传播效率更高、信息内容更丰富的新媒介，却是成本极低的，以至于人人皆可拥有。可以说，在Web2.0 时代，社交媒体颠覆了媒体传播的"中心化"特征，人人都掌握了第四权，每个人的个人力量都得到了显著提升。Negroponte（1996）指出，在数字化生存的情况下，"我"是一个大写的"我"，不再是人口统计学中的一个"子集"。正是指出了话语权带来的个体权利的极大伸张。互联网让人的存在方式变得更好，更尊重个性和人性（Poster，2001），在某种意义上，社交媒体时代是一个平权时代。换言之，任何组织想要掌控舆论的用心，都将遭遇重大挑战。

（二）对话式传播，公众围绕企业、品牌、明星等展开公众间的对话成为可能

Web 2.0 将"人—机"对话转化为一种"人—人"对话，技术后退为一种支撑，成为"我—你"关系的中介和平台。尤其是，这种"我—你"关系不是一种功利的工具关系，而是一种相遇式的、对话式的关系，这是网络传播区别于传统传播的一个显著特征。它把"讲台式"传播变成了"圆桌式"对话，并且没有时空限制。讲台式传播具有很强的权利属性，"我讲你听"是一种独裁式的单向输出。Levine 等（2011）也表达了类似的观点，即电子媒体带来的是"对话式互动"，据此提出市场营销应建立在"对话"的基础上。企业、品牌、明星被从讲台上放逐，转而在圆桌落座，甚至缺席圆桌，也依旧不影响以他们为主角而展开的公众对话。企

业、品牌、明星的舆论控制力流失，达到了一个相当的程度。比如，即便涉事主体在陷入丑闻的相当一段时间内不作出任何回应，但是毫不妨碍围观群众作出各种猜测，乃至臆测的对话，去代替话语主体（涉事主体）在对话中的位置。

（三）社交媒体打破了“科斯天花板”，公众具备了超强的组织动员能力，可与企业、资本及其他传统的组织机构对抗

诺贝尔经济学奖得主罗纳德·H. 科斯（Ronald H. Coase）以“交易成本”实现了对组织和市场的边界的重要分析，“科斯天花板”理论则是其主体理论的重要延伸。一个组织成长到一定的规模，沟通和管理的成本就会吞噬利润，这就是“科斯天花板”。Shirky（2009）分析认为，社会性媒体将打破“科斯天花板”效应。信息技术所承载的新型沟通媒介，将把无国界的庞大网民组织起来的“不可能”变成了“可能”。沟通成本和管理成本随规模而急剧攀升的现状被打破，在“不可能”的规模下以“不可能”的成本将实现网民的集体行动成为“可能”。而这将大大提升身处一个个不同群体中的个体的能力，“这种能力包括分享的能力、与他人互相合作的能力、采取集体行动的能力，而所有这些能力都来自传统机构和组织的框架之外”。言下之意，社交媒体让普通人随时能因某个自发目标，组织形成一种传统机构和组织掌控力之外的新力量。

（四）人们的连接方式从“利益”纽带转化为“情感”纽带

Kirkpatrick（2010）以 Facebook 为例，分析了“馈赠型经济”对人们关系的改变。网页与网页之间的联系，不再是简单的代码“连接”，而是两个不同的人对于同一网页的共同“喜爱”。人的地位不再取决于现实生活中的财富，而是来自网络社会中的声望，而馈赠，包括网络上涌现的无偿分享知识、依托于自由打赏的直播表演等，以及线下传统的慈善、公益等都是建立声望的主要渠道。这就是社交媒体所衍生出的“馈赠型经济”。Christakis 和 Fowler（2011）指出，社交媒体为人们创造了全新的连接方式，这使人们不再做孤独者，而是变成了超级合作者，“慷慨将网络紧紧地结合在一起，而网络反过来又孕育了慷慨”。社会公众在 Web 2.0 新传播技术平台上可以极低的成本实现广泛的信息联系，以共同的兴趣、爱好、价值观念、行为习惯为纽带，形成具有共同意见取向的“对话圈”（Friedman，2007），即便是这些非功利性目标也能形成纽带快速聚合人群（Shuen，2009）。比如前文谈到的三天贡献鸿星尔克1亿元销量的网民群体，以及前述的所有例子，显然都聚合在一个非功利性目标下。社交媒体甚至促成了“阿拉伯之春”（Ghonim，2012）。有学者认为社交媒体在其中发挥了不可替代的作用。通过增强个体扮演他人角色的能力（“将心比心”），强化了同情心、同理心，而网络上的馈赠逻辑又哺育了奉献精神，社交媒体最终促成了这场蔓延至整个中东的、影响巨大的、旷日持久的、自发的集体行动。撇开“阿拉伯之春”的性质争议不谈，学术界点出社交媒体的巨大潜力，还是值得相关从业人员借鉴并引起重视的。

三、危机情景下企业社会责任的屏障作用

通过以上分析可知，社交媒体代替电视成为社会主流媒体，从四个方面根本性地改变了当今的媒体环境。对于企业而言，舆论掌控力丧失，传统的企业危机类型——产品伤害危机、服务失败危机、负面言论危机等，爆发频率更高、渠道多样而复杂、危机破坏力更强，危机趋于常态化。这种不利局面急需有效的应对策略，而学者们发现，履行企业社会责任是一种行之有效的手段，可在危机时刻产生两个关键影响：

第一，减少公众的向内归因。比如，当产品质量发生严重问题，对于经常履行社会责任的企业，公众会更容易相信该企业并非贪婪无良。

第二，降低感知风险。比如，对于经常履行社会责任的企业，其产品质量问题的爆发，更可能是偶然性的，而非必然性、常态性的（Klein and Dawar，2004；Henderson，2007；Cleeren et al.，2013）。因此，履行企业社会责任，成为抵御危机的重要屏障（Yoon et al.，2006）。甚至有学者认为，相对于未卷入危机旋涡的企业而言，企业社会责任的保护机制对处于危机中的企业具有更为重要的作用（Kim，2014）。可谓“平时不显，难时救急”。

企业可以通过慈善、公益等常规的企业社会责任行为积累声誉，展现良好形象。商业企业不乏成功案例。比如，最早通过慈善手段扭转“魔鬼”形象、“贪婪与凶残化身”的世界首个亿万富翁——约翰·D. 洛克菲勒，及其家族企业“洛克菲勒财团”。在那个劳资关系极端紧张、企业通过

私人武装镇压罢工的血腥年代，现代公共关系之父、精神分析学派心理学家弗洛伊德的外甥爱德华·L. 伯内斯（Edward L. Bernays，1891—1995）为“洛克菲勒财团”所制定的热心慈善、公益等策略被忠实地执行，成功地为其重塑形象。联合国大楼等地标建筑受到洛克菲勒财团资助，拯救无数生命的抗生素的发明，也受益于洛克菲勒财团的资助。这些经典的公共关系案例，成为公共关系历史上浓墨重彩的一笔。

慈善、公益属于传统公共关系内容，同样也是企业履行社会责任的常规手段。履行企业社会责任来应对危机常态化的媒体环境，构筑企业在危机中的保护屏障，已经纳入企业日常化危机管理的范畴。

第三节　企业社会化的制度环境

2020 年 7 月，习近平总书记在企业家座谈会上指出：“企业既有经济责任、法律责任，也有社会责任、道德责任。”“只有真诚回报社会、切实履行社会责任的企业家，才能真正得到社会认可，才是符合时代要求的企业家。”无论是从道德伦理化的消费环境、危机常态化的媒体环境来看，还是从企业社会化的制度环境来看，中国企业普遍履行社会责任的时代已经拉开大幕。

企业履行社会责任，实现制度化之前，必须有一个关键前提，那就是获得法理上的合理性。因此企业履行社会责任，必须找到充分的理论依据，建立坚实的理论基础。这意味着，必须铲倒理论界枝繁叶茂、根深蒂固的大树——“企业的终极目标是股东利益最大化”。如果不能彻底驳倒这一观点，企业履行社会责任就缺乏制度化的正义性，只能依赖于股东自我让渡利益的伦理德行，而不能诉诸强权。而为了完成这个看似不可能的艰巨任务，理论发展经历了漫长的过程，即便是古典观点和社会经济观点的世纪性学理大讨论，也只是撼动了“股东至上”的一点根基而已，真正扳倒“股东中心主义”这棵大树的，还是产权理论和代理理论的改弦更张。正是学者们对“股东中心论”的最强韧之处发起进攻、正面击溃，才真正毕其功于一役。接下来，就让我们来回顾这一分外艰辛的历史进程。

一、关于企业终极目标的学理大辩论

企业社会责任的早期源头可以追溯到“商人社会责任”的观念。早在文艺复兴时代，就存在着商人承担社会责任的社会观念。“企业社会责任之父”霍华德（Howard）于1953年创作的《商人的社会责任》有系统的探讨。但是，商人的社会责任和企业的社会责任是严格分离的。商人作为个人履行社会责任的观念源远流长，但企业社会责任却是一个近代才提出的全新概念，并一度备受争议。以企业社会责任发源地美国为例，在20世纪50年代之前，只有个人被允许开展慈善活动，而企业则不具备进行此类行为的资格，法律和不成文规定也对企业开展社会责任实践活动进行了限定。

20世纪上半叶，企业以经济目标为唯一导向还是一个深入人心的普遍观点，企业的社会责任问题并没有引起社会各界的重视，仅有一些先行者提出了疑问。提出疑问的原因也很贴近日常生活和大众情感，比如，2019年上映的一部发人深省的纪实电影《黑水》，就引发了观众对企业社会责任的反思和批评的声浪。该片虽然不敌《小丑》、《寄生虫》，未能斩获当年的奥斯卡最佳影片奖，但是居高不下的烂番茄指数和豆瓣评分却反映出大众的高度好评。影片所谓“黑水”，是指世界500强企业杜邦公司为了隐瞒其专利产品特氟龙（Teflon©）对人体有害的事实，隐藏证据，在美国西弗吉尼亚州一个农场填埋工业废料，造成3000多人患上癌症。特氟龙，化学名聚四氟乙烯（Polytetrafluoroethylene，PTFE），俗称“塑料王”，用它做成的材料，温度达到300℃才能分解，400℃才能水解，抗酸抗碱抗各种溶剂，连王水都溶解不了它，再加上耐高温、摩擦系数低，广泛应用于原子能、国防、航天、电子、电气、化工、机械、仪器、仪表、建筑等领域。民用领域同样得到大量应用，和我们的生活紧密相关，最常见的为应用于不粘锅。

在几十年前，杜邦公司就发现他们的产品特氟龙，含有一种叫作C8的物质。这种物质会致癌，还会导致婴儿产生畸形。供应商3M公司向杜邦公司提交的毒性报告和杜邦公司内部的秘密实验都验证了这一点。然而，巨额的利润让杜邦公司选择掩盖事实，继续大量销售特氟龙并广泛应用到各种产品，销往全世界。经过几十年的扩散，20世纪50年代以后，特氟龙中的C8几乎已经影响了地球上所有生物。那么，杜邦公司为了追求巨额利润所作出的企业决策，是否要考量给全地球生物所造成的危害呢?

类似主题的电影还有《我不是药神》。电影情节同样来自真实事件改编，探讨了法律究竟应该保障外国制药企业诺华公司在中国高价销售药物“格列卫”的专利权，还是保障患者的生命权。格列卫是一种分子靶向治疗药物，可以让白血病患者10年生存率从不到50%提高到90%，对胃肠道间质肿瘤的有效率也高达67%。因此，格列卫被誉为“奇迹的抗癌药物”。它面世之后，已经取代骨髓移植成为白血病患者首选的治疗方案。不过，想有效延长生命，患者需要终身服药，每月一盒。而诺华的“格列卫”自2001年第一次引入中国至今，价格一直是23500元一盒，如此昂贵的定价，掏空了很多中国患者的家底。而在网上购买印度生产的仿制药不到1000元，但这种药在2014年之前的中国法律规章下属于“假药”，售卖假药属于违法行为。外国制药企业诺华公司基于商业逐利的高定价行为要不要向人民的生命权做出让步?

1924年，英国学者奥利弗·谢尔顿（Oliver Sheldon）首次提出了“企业社会责任”的概念，但直到20世纪60年代，国外理论界才开始对“企业是否应该承担社会责任”“承担多少”等问题，展开跨越半个世纪的学理大讨论。这场大讨论不乏著名学者参与其中，其中最受瞩目的一位就是诺贝尔经济学奖得主密尔顿·弗里德曼（Milton Friedman）。

1970年，美国经济学家密尔顿·弗里德曼在《纽约时报》上刊登了《商业的社会责任即盈利》一文，随即引发轰动。弗里德曼以研究宏微观经济学、经济史、统计学及主张自由放任资本主义而闻名，于1976年获得诺贝尔经济学奖，他的理论也对美国等很多国家的经济政策产生了极大影响。他的这篇《商业的社会责任即盈利》被描述为“为后续50年设定了辩论条件”。

弗里德曼是唯一责任说的倡导者，他认为，在自由社会，存在且仅存一项企业社会责任，就是在遵守游戏规则（公开的、自由的、没有诡计与欺诈的竞争）的前提下利用其资源从事旨在增加利润的各种活动。为了支持这一观点，他从股东中心论角度、微观经济学角度展开论述:

首先，从法理上而言，股东是公司的所有人，职业经理人是公司的雇员，他们对股东负责。因此，主要的责任是为股东获取利益，确保股东价值最大化。

其次，从市场运行机制的角度，经理将组织资源用于“社会产品”，会削弱市场机制的基础。总有一方必须为这种资产的再分配付出代价。如果社会责任行为需要牺牲利润和股息，那么股东受损；如果必须降低工资和福利来支持社会责任行为，那么员工受损；如果通过提高价格来支撑社会责任行为，那么消费者受损；如果价格提高到失去竞争优势的程度，那么销售额会下降，企业生存将受到威胁，组织的全部组成要素都会受损失。

最后，从专业化分工角度，职业经理人如果追求利润之外的目标，作出企业如何履行社会责任的决策时，他们的工作内容就从企业经营跨入社会治理的范畴，超越了其职业专长，不符合专业化分工的商业组织原则。

以弗里德曼为代表的经济自由主义观点可解读为企业社会责任就是使企业利益最大化，经济责任是社会责任的全部内容。弗里德曼的观点可谓遵从了古典和新古典经济学的传统理论——利益最大化是企业的根本目标，代表着企业社会责任的古典观点（Classical View）。

除了弗里德曼的论述之外，反对工商企业承担社会责任的主要依据还有以下四个方面：

（1）多目标冲突：过多的社会目标会和经济目标争夺资源，妨碍工商企业的基本使命——经济的生产率的实现。

（2）权力过大：工商企业已经是最有权力的机构之一，占有大量的资金、技术、人员、土地等资源，如果工商企业超越商业领域，涉足社会目标，将面临权力过大的问题。

（3）授权主体缺位：并没有广泛的社会授权要求工商企业参与社会问题，公众在这些问题上意见不一，导致无法存在一个统一口径的授权主体。

（4）责任不清：政治人物追求社会目标，工商企业没有作出社会目标承诺和制定施政纲领来获取选票，接受大众监督和考核其施政绩效，保住或流失民众支持。而工商企业和公众之间没有社会责任的直接联系。

以上观点比较具有西方特色，但从我国国情来看，除了第一条依据之外，其他暂时不构成反对企业承担社会责任的有效理由。

纵览前述反对的依据，以弗里德曼的观点影响为最大，当然争议也较大。在工商界不乏其观点的支持者，甚至在今天，依旧能得到相当多的共情，有庞大的群众基础。比如，我们很容易发现，有的企业家认为慈善不应成为企业的负担，完全能与弗里德曼的观点达到共鸣。但是从“捐款门”事件的结果来看，反对企业履行社会责任的古典观点可谓遭到了迎头痛击。那么弗里德曼的观点的疏漏之处在哪里？为什么错判了形势，对事情的走向丧失了预见性呢？

社会经济观点指出了古典观点的三个致命问题：

（一）利益最大化不是企业的第一目标，而是第二目标，生存才是企业的第一目标

当企业只对股东负责，而不对建立和维持它的更大的主体——社会负责，它会遭遇到很多阻力，直至丧失生存空间。这里引入一个经济的外部性理论来帮助理解。企业的行为具有外部性，会对他人和社会产生非市场化影响，这是新古典主义经济学“剑桥学派”的观点。新古典主义经济学理论的创始人、英国著名经济学家之一、剑桥学派的代表人物马歇尔（Alfred Marshall，1842—1924）和他的弟子、著名经济学家庇古（Arthur Cecil Pigou，1877—1959）共同推动了经济的外部性理论的形成。他们提出，外部性指一个人或一群人的行动和决策使另一个人或一群人受损或受益的情况。经济外部性是经济主体（包括厂商或个人）的经济活动对他人和社会造成的非市场化的影响，即社会成员（包括组织和个人）从事经济活动时其成本与后果不完全由该行为人承担。外部性可以分为正外部性（Positive Externality）和负外部性（Negative Externality）。正外部性是某个经济行为、个体的活动使他人或社会受益，而受益者无须花费成本；负外部性是某个经济行为个体的活动使他人或社会受损，而造成负外部性的人却没有为此付出代价。外部性的存在会造成社会脱离最有效的生产状态，使市场经济体制不能很好地实现其优化资源配置的基本功能。例如，化工企业的生产过程可能造成污染排放，损害环境，这是负外部性；橙汁饮料企业的橘树种植会绿化环境，这是正外部性。因此，企业的生产经营行为，都会间接使社会受到非市场化的、环境的影响，或受损，或受益。

以往的经济学理论针对负外部性，主要通过税收来调节，但是罚款和补贴不能解决全部问题，更不是最佳解决方案。一个显而易见的事实就是，全球工业化造成的大量排污破坏了环境，虽然企业交纳了污染费，但是地球生态恶化，极端天气频发，生态破坏、资源枯竭、淡水短缺等问题，已经危及我们子孙后代的生存。国际社会倡导的全球合作和可持续发展战略，都亟须企业承担起社会责任，采取更积极的行动，来挽救日益恶化的生存环境。例如，知名运动品牌企业耐克，2016 年将企业社会责任纳入企业战略层面，宣布“将低碳、闭环未来的愿景作为公司发展战略的一部分”，为员工待遇、供应链改造、减少碳足迹等领域设定四年规划，并每年发布《影响力报告》回顾目标达成率（耐克将之称为“运动员心态”）。2019 年 9 月，耐克宣布推出“Move to Zero”计划，设立了“零碳”和“零废弃”的企业社会责任目标。2020 年耐克推出 Space Hippie（太空嬉皮士）系列，为企业主动减少占污染比重最大的环节——原材料环节的碳排放问题做出了新的技术努力。“太空嬉皮士”的取名灵感，来自热映电影《火星救援》里等待救援的宇航员就地取材，在火星种土豆维生并最终获救的故事。该系列以工厂生产过程中产生的边角料和消费后回收的废料等“生产废料”为原材料，将可持续发展的环保理念与颠覆性的前卫设计巧妙融合。“太空嬉皮士”运动鞋整个制作过程涉及的材质 75%~90%为再生涤纶材质的纱线，以及回收废旧鞋所得的泡棉和坑状泡棉，确保每一双 Space Hippie 都利用了至少 25%~50%重量的再生材料。

其实耐克的企业社会责任行动，早已经开展了 31 年。1992 年，耐克在北美及法国、德国等欧洲多个国家开创性地推出了“Reuse A Shoe”球鞋回收计划，于品牌指定门店内设置回收桶，并将回收而来的鞋子通过 Nike Grind 技术研磨成橡胶颗粒，再用于制造新的耐克产品以及包括运动场、跑道或者手机壳、地毯等在内的其他物品。如今，Nike Grind 项目运营已近 30 年时间。而根据官方数据，在此期间，耐克自有品牌及其合作伙伴产品中使用该技术生成的环保材料总量已超过 5.9 万吨。

很显然，耐克主动发起的持续性、系统性的企业社会责任行为，是一种“主动减少污染”的事前管理，比“企业罚款、政府修复”的事后补偿要有效率得多。

（二）企业承担社会责任，从短期来看，是成本；从长期来看，会提高企业的长期利益

古典观点的最大问题在于其时间窗有问题，过于短视。从学术界已有

的研究可知，企业承担社会责任是有长期经济回报的，能够提高企业形象、增加品牌资产、改善公共关系、构筑危机屏障等。很多企业的无形资产甚至远超其有形资产，比如可口可乐。企业社会责任虽然不能直接提高销量，但是它能透过构筑一些无形资产来形成竞争优势，并且长期间接、持续地提高企业绩效。企业通过履行社会责任，能比广告更隐蔽、更强力地提高企业品牌资产。比如，前述加多宝通过汶川地震巨额捐款一举成名，星巴克的公平咖啡贸易运动也让星巴克名声大振。

有两位重磅级大师的力作，可以系统深入地论证上述观点，暴露古典观点的短视问题。这两位大师，一位是营销大师阿尔·里斯，另一位是战略大师迈克尔·波特。接下来分别介绍这两位大师的理论思想。

1. 阿尔·里斯：《公关第一，广告第二》

《公关第一，广告第二》（*The fall of advertising and the rise of PR*）一书系统地论述了一种在当时看来相当具有颠覆性的观念，即公共关系是比广告更好的品牌塑造手段。该书有两位作者，其中一位是大名鼎鼎的“营销大师”——阿尔·里斯，正是他和杰克·特劳特于 1969 年提出了当今最为经典、运用最为广泛的营销理论之一——定位理论。该书的另一位作者是阿尔·里斯的女儿劳拉·里斯，他们共同创建了里斯咨询公司，为《财富》世界 500 强中的许多公司提供咨询服务。本书在定位理论提出后的 30 年出版，其中有定位理论的影子，但更多的是在讨论广告和公关的关系，以及其在品牌管理中发挥的不同作用。

作者从广告的衰落开始谈起，认为广告业出现了两个问题：一是广告的可信度在下降，甚至几乎没有可信度。二是广告业过于重视创意，使得广告被作为一种艺术进行加工，而艺术是不具备功能性的，因而广告也渐渐失去了其功能性。如果广告不行，那么，谁能代替广告来更好地塑造品牌呢？作者以几个著名品牌作为案例，分析了公共关系（而不是广告）在品牌成名过程中所发挥的巨大作用，比如 Linux、红牛、微软等品牌。Linux 的广为人知，就来自一些程序员自发地向全世界分享自己的开源代码，并在全球范围内自发形成了协作关系，前赴后继地无偿改进源代码。而这种无偿的分享行为激发了全球性的自发传播，在极短时间内就使之具有了世界性的声誉。如果这本书写在当下，ChatGPT 可能也会被纳入分析对象。瑞士银行巨头瑞银集团的一份报告显示，ChatGPT 已经成为历史上用户增长速度最快的消费级应用程序。在推出仅两个月后（2023 年 1 月末），其月活用户已经突破 1 亿。而根据 Sensor Tower 的数据，TikTok 达到 1 亿用户用了 9 个月，Instagram 则花了两年半的时间。ChatGPT 在互联网上的“病毒式”传播，使它在用户数量增长方面达到了近 20 年来任何一个品牌所未曾达到的高度。

最后，作者探讨了公共关系和广告对于塑造品牌所发挥的差异性作用，抛出了“公关树立品牌，广告维护品牌”的结论。这一观点虽然不一定正确，但提供了一种新的思考方式，值得业内从业人士借鉴①。该书虽然讨论的主题是公共关系而不是企业社会责任，但如前所述，公共关系和企业社会责任两个领域颇有一些重叠之处。从阿尔·里斯的论述中稍加引申，不难得出“企业通过履行社会责任，能比广告更隐蔽、更强力地提高企业品牌资产”这一观点。而企业社会责任对于品牌塑造有显著作用，这一点是目前学术界研究所公认的。

2. 迈克尔·波特：企业社会责任战略

享誉全球的企业战略大师迈克尔·波特连续撰写了三篇学术文章来分析如何将企业社会责任转化为企业竞争优势。为了使读者更好地理解企业社会责任如何构建竞争优势，本书将花费较大篇幅详细介绍波特的这三篇论文，以期读者能一览这一思想的深邃洞察力。

（1）环境竞争战略。

早在 1995 年，迈克尔·波特就和瑞士圣加仑大学国际管理研究院的林德联合发表了一篇学术论文，试图帮助企业构筑一种重新审视企业社会责任的方式。他们提出了“环境竞争战略”的新概念，这是不同于低成本战略、差异化战略、性价比战略、利基战略的全新竞争战略——第五型竞争战略。在这篇文章中，波特和林德首先展示了企业界所面临的环境保护和企业竞争优势之间的两难境遇，一方面，企业面临公众强烈的环境保护诉求，如果响应则势必增加成本；另一方面，企业必须坚持不断地降低成本、提高效率来保持竞争力。当时企业界和学术界流行一种观点，即环境保护将降低企业的竞争力，不响应环境保护的公众诉求也同样会损伤企业的竞争力。但是波特和林德提出了另一种观点，即环境保护将成为企业获

① 注：具体内容，包括对以上论点的深度论述，请查阅原书。

取竞争优势的新途径。在这篇文章中，波特和林德论述了这样一种发展逻辑，即企业积极的环境行为会激发技术创新，改善资源利用的效率，优化生产流程，产生新的差异性竞争能力，从而可以降低生产成本，改进产品质量，提高企业声誉，最终形成新竞争优势——环境竞争力。我们可以从耐克的“太空嬉皮士”系列新产品开发、球鞋回收计划等企业行为，窥见波特和林德的思想。

（2）企业社会责任竞争战略。

迈克尔·波特联合FSG社会影响顾问公司（一家国际性非营利性咨询公司）的董事总经理马克·克莱默，再次围绕企业社会责任，写了第二篇文章发表于《哈佛商业评论》，再次批驳了时下很多企业将商业利益和社会责任二元对立、视企业成功和社会福利为“零和游戏”的陈旧观念；接着，波特和克莱默在“环境竞争战略”的基础上提出了一个更完备的第五型竞争战略——“企业社会责任竞争战略”（Porter and Kramer，2006）。企业社会责任被认为是一种差异化竞争要素，只要在企业战略框架的经济维度上加入社会维度，就会激发创新，生成新的竞争优势。这篇文章试图帮助企业洞察到社会责任是企业竞争优势的机会源泉。相比上一篇文章更侧重于观念革新，更重要的是，这篇文章还提出了如何识别社会责任机会，如何借此构筑竞争战略的完整路径指引，从可操作性方面大大强化了“社会责任战略”的说服力。

在这篇文章中，波特和克莱默首先分析了企业履行社会责任的种种问题。企业面临的外部环境已经发生了巨变，政府、利益相关者构成的多类组织、媒体等对企业履行社会责任有了越来越强烈的要求，比如，一些国家已经开始要求企业在年报中必须披露其经营行为的伦理、社会和环境风险。各领域的大企业更是如此，往往成为各类社会热点问题追责的首选“替罪羊”。比如，雀巢公司作为世界上最大的瓶装水供应商，就卷入了世界淡水不足问题的全球性争端，很多人谴责雀巢公司应该对淡水不足问题负主要责任。可是，实际上，雀巢瓶装水的销量仅占世界淡水供应量的百万分之八，远远不足以威胁世界淡水储量。面对这种新生的环境压力，很多企业已然警醒，却不知该如何应对。其结果就是，多数企业的应对方式，往往既不是战略性的应对，也不是运营性的应对，而是表演性的应对。进而，许多企业社会责任行为往往缺乏一致性的统一框架，无法发挥连续的、协同性作用，更遑论上升到企业战略层面，助力构建竞争优势。一方面，这样的企业社会责任行为，往往囿于一时一地，比如减少某个国家或地区的环境污染问题、碳排放问题、能源危机问题等，但是企业行为没有形成一股合力，企业在履责的社会披露中并不作为一个整体而存在；另一方面，对于企业选择履责的某个特定的社会问题，企业也往往只能聚焦在资金和时间的投入方面，却避而不谈对社会问题解决的程度。这样的履责行为，无论是对于企业还是对于社会而言，都获益不多。

接着，波特和克莱默评价了当前企业履行社会责任的四种观点，分别是伦理义务观、可持续发展观、合法观和声望观。伦理义务观认为，企业履行社会责任是出于作为企业公民的道德义务；可持续发展观则强调，为了长期的利益应该避免竭泽而渔等短视性的社会和环境消耗；合法观从利益相关者角度出发，指出只有对消费者、员工、经销商、供应商、当地社区、当地政府、当地环境等利益相关者负责才能建立起企业存续的合法性；声望观试图通过履行社会责任来提高企业声望，以此最终提高企业绩效。波特和克莱默认为这四种观点都存在一个共同的问题，就是过于看重企业和社会之间的紧张关系和矛盾冲突，而忽略了企业和社会之间的互依性，而只有从互依性角度重新审视企业社会责任，才能将企业的社会履责行为，从对企业利润的消耗，转变为构筑企业竞争优势的源泉。接着，波特和克莱默进一步分析了企业和社会之间的高度互依性，提出了诸如“成功的企业需要健康的社会”“健康的社会也需要成功的企业”等观点。在论述中，他们分析指出，教育、医疗、公平的机会等社会保障，能够为企业提供具有竞争力的劳动者，高效率的资源利用（土地、水、能源等），使企业更具生产力，来支撑“成功的企业需要健康的社会”的观点。

除了观念改变，更重要的是，如何才能将履责行为和竞争优势构筑合而为一？

首先，要分辨具体社会问题的不同类型，识别出真正有助于构筑竞争优势的社会问题。波特和克莱默将社会问题分为三类——“一般性社会问题”“价值链相关的社会问题”“竞争情景相关的社会问题”。波特和克莱默认为，一般性社会问题既不影响企业运营，也不影响企业长期竞争力，它不是构筑企业竞争优势的社会问题。而价值链相关的社会问题和竞争情景相关的社会问题则与之不同，这两类问题都是可以构筑企业竞争优势的社会问题。

价值链相关的社会问题，意指企业日常运营所造成的社会问题。识别这些问题的方法，是以价值链理论为工具，来识别商业和社会之间的连接点，即在价值链的各个环节标识出企业行为的积极或消极的社会影响。而这些连接点所反映出的社会问题，正是企业构建竞争优势的社会性商业机会。例如，丰田汽车多年来致力于油电混合等新能源汽车的新产品线拓展，就是从价值链角度发掘的机会——产品输出对环境的负面社会影响。耐克的新环保材料球鞋——“太空嬉皮士”等新产品线，从原有的材料采购对环境的负面社会影响出发，进行原有材料的替代性新材料开发，延展到新产品线开发、新子品牌的建立，进而延展到以产品更高的社会价值溢价，从消费者的支持和购买中获益。这种种社会问题，都有利于从战略层面形成企业系统性的履责行为，从履行社会责任的角度，来满足消费者的道德情感需要，满足社会公众对解决某些关键社会问题的需要，从而构筑企业的竞争优势。

竞争情景相关的社会问题，意指外部环境中存在的，足以影响企业在本地运营中维持竞争力的关键构成要素的社会问题。它主要来自四种竞争情景——“可得的商业投入的数量和质量”“竞争规则和激励措施”“本地需求的体量和复杂性”“支撑性产业的本地化程度”。

识别了真正有助于构筑竞争优势的社会问题之后，可能存在多个能够构筑竞争优势的社会问题，如何进行选择？选择的依据是什么？选择并确定某个社会问题之后，采取何种企业社会责任行为？构建竞争优势的行为如何与只是弥补负面的价值链影响等行为区分开来？如何与良好的企业公民行为等区分开来？最终建立何种竞争优势？这些具体的实践策略，文章也提供了非常详细的指引，读者可以进一步详细阅读原文来洞悉。

（3）创造共享价值。

时隔5年，迈克尔·波特和克莱默于2011年又在《哈佛商业评论》上发表了第三篇文章，他们进一步把企业社会责任战略（企业社会责任）上升为创造共享价值（Creating Shared Value，CSV）。这篇文章严厉批评了既有的商业模式对社会、环境、经济的伤害，认为它们无视资源的枯竭、关键供应商的成本和生存压力、产品销售地的人们的经济困境等利益相关者所面临的种种问题，而痴迷于在泡沫中继续做大短期财务数据，并把产业环节向成本更低廉地区的全球化转移视为可持续的问题解决方案。这种做法导致了人们对商业组织的普遍不信任，导致了政府在几十年的政策选择中，逐渐把平衡商业利益和社会利益变成了制度化系统——以制度抑制、削弱商业为代价来减少社会损失。这种做法最终使企业陷入前所未有的恶劣处境，“资本”成为公众眼中各种社会问题、环境问题、经济问题的“罪魁祸首”。这是美国企业在十几年前所面临的困境，也是中国企业此刻正在遭遇的状况。

对于这一问题，波特和克莱默提出重建新的商业模式，即共享价值的商业模式——企业从构建共享价值的角度，重新审视自己和社会、环境、经济的关系，进行相应的商业决策和战略选择，把解决社会问题、满足社会需求视为企业创造价值的核心，而不是边缘化为仅仅是履行责任而已（企业社会责任）。波特和克莱默认为，这是实现企业增长的新途径。企业完全有能力满足人类需要、改进效率、创造工作机会、提升社会福利、改善人类福祉，但是以往二元对立的狭隘商业观念妨碍了企业的潜能发挥。企业创造的共享价值不同于政府创造的价值，相比政府只看重价值而忽视成本，企业所创造的共享价值是成本控制下的价值，是一个发现机会、提高效率、创造差异、扩大市场的过程，是企业不同于政府的优势所在。一些商业领袖企业，诸如可口可乐、雀巢、通用电气、谷歌等，已经在践行这种新的商业模式，但是这种做法远未普及。例如，使星巴克声名大噪的咖啡公平贸易运动，提高了咖啡豆种植农户10%~20%的收入，这种采购成本的上升，不但没有降低星巴克的竞争力，反而通过产品品质上升、社会声誉上升，提高了星巴克的消费者偏好，支撑了星巴克的产品溢价，最终提高了星巴克的竞争力。

和上一篇文章一样，这篇文章也同样看重可行性，它为企业提出了三步实现路径，通过创造社会价值来实现商业价值——“重新定义产品和市场”“重新定义价值链中的生产力”，以及“在公司所在地建立辅助的产业集群”。例如，传统的食品饮料企业主要关注口味和品类的创新，但是从共享价值的角度，则可以转换为以关注消费者健康为出发点进行产品创新。再如，很多手机企业以更新更好的配置、更强大的摄像功能或者更持久续航的电池等为主要开发新产品的方向，但从共享价值的角度，如苹果公司近年来投入较大的、以关注智能手机伴生的隐私威胁问题来进行技术创新、规则构建和生态链运作，帮助用户更好地保护隐私，越来越成为维持其巨大商业成功的重要一环。又如，沃尔玛公司通过减少包装、优化和缩短卡车运输路线 1 亿英里①，既减少了碳排放，也节省了 2 亿美元的成本。具体如何理解这三步的实现路径，鉴于本书并非论述波特学术思想的专著，有兴趣的读者可借由阅读原文来进一步获取详细信息。

纵观这三篇文章，不论是环境竞争战略、企业社会责任战略创造还是共享价值，背后不变的根本思想是，完全站在企业社会责任与经济利益二元冲突的对立面，一而再、再而三地强调了企业社会责任是企业创造竞争优势的广阔土壤和不竭源泉。

（三）古典主义的问题还在于理论落后于时代发展，试图仅以经济责任来衡量和规范现代企业深入社会、政治、法律等领域的行为和影响力

现代企业已经不再仅仅是一个经济组织，其活动领域及其行为的影响力远远超出了经济、市场的范略，而是遍及社会、政治、法律等方面，仅以经济责任不足以衡量和规范企业行为。不少企业参与行业规则的制定、产业政策的方向、市场制度的完善等，比如华为拿到 5G“断码控制码”国际标准，国家在信息产业发展方面率先布局 5G，大力推动 5G 基站建设等；不少企业家是政协委员、人大代表，参与着当地、全国各项政治提案和审议；企业的很多行为能够直接改变人们日常生活，比如苹果智能手机间接推动了信息的碎片化摄取，电商等网络平台企业的定制化推送引发了信息茧房问题；消费文化背后隐含的价值观推动着社会主流价值观的形成与改变，比如耐克的“一切皆有可能”，日本三大漫画《死神》《火影忍者》《海贼王》所承载的热血、友谊、奋斗等价值观，都影响了不同时代的很多人。

全球一体化的经济走向推动了超大企业的形成，更极大地扩大了其影响力，突破了商业的界限。随着互联网技术、芯片技术等不断发展，微型跨国公司不断涌现，比如开发出国际上大受欢迎的游戏——《原神》的米哈游，不到 1400 名员工，创收 50 亿元，让全球无数青少年沉浸于其创造

---

① 1 英里≈1609.34 米。——编者注

的虚拟世界；还有在服装销售额上击败零售巨头亚马逊的中国民营企业——希音（Shein）。这些小企业也具有全球范围的影响力。

一些企业的体量巨大，牵动当地无数家庭的幸福，比如富士康之于郑州，2019 年郑州进出口总额 4130 亿元，富士康占 81%，员工 35 万人左右，涉及数百家上下游企业，影响整个郑州电子信息产业集群，间接牵动百万人口的就业、几百万家庭的营生。富士康如果重新布局产业链，转移至东南亚国家，对于郑州而言，就不仅是经济问题，更是民生问题。

此外，赞成企业履行社会责任的依据还包括以下四个方面：

1. 符合公众期望

如前文所述的某企业“捐款门”事件，就是公众期望企业履行社会责任的一个极端案例。此外，著名的企业社会责任事件还有，5 岁小孩凯瑟琳给包括比尔·盖茨在内的 100 个富豪写信和寄送奖状，请求他们救助非洲备受疟疾感染之苦的儿童，这件事被比尔·盖茨拍成《儿童救儿童》的公益纪录片，并成为比尔·盖茨之后将疫苗作为战略慈善事业的一个诱因。

2. 政府适度调节，企业履行社会责任是政府进行社会管理的有效补充

市场失灵和政府失灵使得政府干预和市场调节不断陷入困境。政府管理社会的缺失，以除政府之外最强有力的经济组织——企业为补充是一个解决思路。企业社会责任，以及企业社会创业等研究领域的兴起，与这一思想的出现不无关系。企业的高度组织能力、企业的技术投入和创新，以及以商业思维解决社会问题的潜力，是政府的二次分配、税收调节、政府指导等方式难以拥有的优势。例如，政府面对工业污染、尾气排放等问题，大多依靠税收、罚款、行政命令或政策引导，无法从行业增长方式等源头上解决问题，而企业以技术创新改变原料、生产方式、工艺流程等才是治本之道。

3. 责任与权力平衡

漫威电影的著名超级英雄人物蜘蛛侠有句名言：能力越大，责任越大。当前部分企业的影响已经不限于一时一地，甚至影响和改变着人们的生产生活方式。企业履行社会责任，甚至有可能已经涉及人类的前途命运。比如发射了 3000 多颗卫星、计划组建星链的 Space X 公司，声称在 10

年内要建成1000艘星舰，达到运送10万人去火星的运力。著名科幻作家阿西莫夫所描绘的“银河帝国”也许将在不远的未来因埃隆·马斯克（Elon Musk）的Space X公司成为现实。如此巨大的能力，亟待企业承担起对国家、对社会、对人类的责任，行为受制于某些伦理道德准则，奉行或不违背人类共同价值。就像谷歌的企业社会责任宣言——“不作恶”一样，代表着对广大用户利益具有相当分量的郑重承诺。正因为某些企业体量巨大、能力巨大，已经迫使各国政府、国际组织将企业社会责任而非仅仅是经济责任的制度化要求排上议程。

4. 资源和能力足以胜任对社会责任的履行

企业的资源和能力，比如品牌声誉的光环效应，技术创新和行动组织能力，也使得企业成为某些社会问题解决主体的不二之选。比如，在比尔·盖茨的号召和影响下，沃伦·巴菲特、大卫·洛克菲勒、摩托罗拉、戴尔、阿玛尼等众多知名人士和企业都加入了比尔和梅琳达·盖茨基金会，该基金会已经一跃成为世界最大的慈善组织。2008年，比尔·盖茨的团队利用高清卫星图像和计算机算法，为小儿麻痹症重灾区尼日利亚绘制了一张科学的疫苗接种地图。比尔和梅琳达·盖茨基金会对疫苗研发的大量赞助，对疫苗相关业务的多种支持，使得微软对全球公共卫生政策的影响力越来越大。此外，比尔·盖茨所领导的非洲厕所革命，用18个月建造出了一种不需要水、电就能化解排泄物的新式厕所，改善了非洲很多地区人们没有厕所，饮水和排泄物混合在一起的极端恶劣的生活条件[①]。企业以负责任的方式参与解决社会问题，有可能对经济、社会、环境的发展做出最大贡献。

综上所述，我们回顾了企业社会责任的古典观点，和之后延绵数年的针对古典观点的世纪性学理大讨论，尤其是社会经济观点对古典观点的批判。虽然这些反驳古典观点的看法，为人们提供了看待企业社会责任的全新角度和多种洞见，也形成了和古典观点相对抗的力量，但是真正确立企业社会责任合法性地位的，还是“利益相关者理论”，其取代了“股东中心论”，奠定了企业社会责任的法理根基。

---

① 中国新闻网：《理性乐观主义者比尔·盖茨》，https：//m. chinanews. com/wap/detail/chs/zw/10035214. shtml，2023年7月1日。

二、“利益相关者理论”取代“股东中心论”的企业社会责任合法性地位确立

关于“谁是企业的所有者”“谁拥有企业的所有权”“企业的终极目标是什么”，在20世纪80年代以前，答案似乎是不言而喻的，即股东是企业的所有者，拥有企业的所有权，企业的终极目标是股东价值的最大化。可以说，企业绩效和管理有效性的衡量标准和价值取向都是股东至上，导致整个管理学科的理论大厦都似乎建立在股东价值最大化这一不可撼动的基石之上。在股东利益最大化的目标下，尤其是，半个世纪以来，持股周期明显短期化的趋势，使得管理层决策的短期化现象越来越显著。而这导致的问题是多方面的，比如，导致营销费用占比中，促销投入占比激增，取代了广告投入占比的既有地位，标志着品牌的塑造（长期导向）让位于价格战（短期导向）；更重要的是，强化了履行企业社会责任和谋求股东利益之间的二元对立观点。企业社会责任在此之前的合理性，大部分建立在提高声望、获得竞争优势等长期导向的管理行为上，而如果股东作为企业唯一合法的剩余价值所有者，当股东需要更快变现其利益时，促销、作秀式的企业履责行为等短期导向的管理行为明显更为投契。这就导致在实际的管理执行层面，履行企业社会责任的行为必然被边缘化、碎片化。所以，唯有为企业社会责任建立起真正可以与股东相抗衡的对企业剩余价值的索取权，才能可能获得合法性地位，从根本上解决企业社会责任和股东利益的二元矛盾。

那么，企业社会责任是否具有对企业剩余价值的索取权呢？逻辑何在？学理何在？股东的剩余价值索取权是非常简单明了的，因为企业的财产是由股东所投入的实物资本形成的，股东承担了企业的剩余风险，于是，股东理所当然成为企业剩余价值索取权和剩余价值控制权的享有者（Grossman and Hart，1986；Hart and Moore，1990）。这也被称为“股东中心论”（Shareholder Primary Theory）。但是，企业社会责任凭什么享有剩余价值索取权和剩余价值控制权呢？这就要从企业社会责任撼动、并收为己用的“股东中心论”的两个重要理论根基——“企业契约理论”和“企业产权理论”说起。

（一）制度经济学契约理论之争

企业契约理论对股东中心论具有支撑性的理论主要是“交易成本理论”和“委托代理理论”。这两者与不完全契约理论并存为企业契约论的三大组成部分。接下来，我们将逐一介绍其主要思想，及其和股东中心论、企业社会责任之间的关系变迁。

1. 交易成本理论

企业契约论始于大名鼎鼎的“交易成本”理论（Transaction Costs），由英国著名经济学家、芝加哥经济学派代表人物、诺贝尔经济学奖得主罗纳德·哈里·科斯（Ronald Harry Coase）于1937年所发表的《企业的性质》中提出。所讨论的问题是，企业为什么会存在？有什么问题是市场难以解决，而企业可以胜任的？科斯发现，当企业以长期、多次、频繁的市场购买行为来完成某个必要的价值链环节时，由于市场以合同为基础实现交易，其必然出现大量相关成本，这些成本包括搜寻、谈判、签约、履约等成本，科斯将之称为“交易成本”；而如果将这类行为进行企业内部化，以行政命令来取代合同的权利义务，将极大提高效率，降低交易成本。交易成本是以往的微观经济理论所忽略的，传统的微观经济学只关注生产成本和运输成本，而交易成本的提出，为企业和市场之间的边界确定了划分依据，从而规定了企业的规模，即当交易成本大于企业内部的管理协调成本时，企业就产生了，企业的存在正是为了节约市场的交易成本；当市场交易的边际成本等于企业内部管理协调的边际成本时，企业规模的扩展就抵达其边界。因此，科斯对企业性质的探讨，实际上将企业视为一种可以和市场相互替代的资源配置方式。

2. 委托代理理论

企业又是如何构成，并发挥其资源配置机制的呢？这就涉及企业契约论的另一代表性理论——委托代理理论。

委托代理理论（Principal-Agent Theory）是生产力大发展和规模化大生产的情景下催生出的理论。一方面，生产力发展使专业化分工进一步深化。熟悉亚当·斯密《国富论》的人，很容易理解，劳动分工所带来的爆炸性的生产效率提升，既催生了专业的工程师和熟练工人，也催生了专业的生产技术和生产设备。而泰勒的《科学管理学》则论述了管理岗位是如何在专业化过程中从操作岗位中独立出来，获得其合法性地位的。另一方面，当企业规模有限时，战略正确性的作用占主要地位，而管理有效性则显得不那么重要。可是，当企业出于成本优化的压力而不断扩大规模时，管理有效性就变得越来越重要，甚至生死攸关。能否成为股东，取决于是否投入了资产，但他未必能胜任专业化的企业管理工作，职业经理人的出现就成了时代的选择。

而股东如何使职业经理人代为行使权利，并符合股东的利益呢？委托代理理论就出现了。它主要研究委托代理关系，即，一个或多个行为主体根据一种明示或隐含的契约，指定、雇用另一些行为主体为其服务，同时授予后者一定的决策权力，并根据后者所提供的服务和质量对其支付相应的报酬。但是股东和职业经理人的利益和风险并非完全一致，而股东对职业经理人的评价又受到信息非对称性的约束，比如在代理前有典型的“逆向选择问题”（代理人隐藏其真实知识，促使委托人选择了不够专业的代理人），代理后有“道德风险问题”（代理人隐藏其真实的努力程度和利己行为，以损害委托人的利益为代价来优化自己的利益），等等。因此，如何使这一系列契约安排发挥有效作用，实现职业经理人最大化股东权益的目标，就成了委托代理理论早期阶段主要解决的问题，随之发展出了诸如“莫里斯-霍姆斯特姆条件”的最优分担方法的激励合同的制度安排，基于伦德纳（Radner，1981）、罗宾斯泰因（Rubbinstein，1979）等长期博弈模型的长期合同的制度安排，以及莱瑟尔（Lazear，1979）强制退休等制度安排，等等。由此可见，企业的行政指令所实现的对交易成本的降低，在代理理论看来，还是依靠一系列委托代理的契约来实现的。

3. 企业契约理论和股东中心论、企业社会责任的关系变迁

综上所述，交易成本理论回答了“企业为何是一种资源配置方式”，因为它以管理协调的成本代替了市场上的交易成本，成为除市场之外的另一种资源配置方式，在交易成本过高时，发挥替代作用。随后委托代理理论则回答了“企业如何构成从而发挥资源配置作用”，企业股东通过委托职业经理人，实现管理的专业化，使管理协调成本得到优化，从而实现资源配置的有效性。而它对股东中心论的贡献则在于，其隐含着一种基本假定，即股东作为委托人，要求企业以最佳的制度安排确保股东权益最大化。

那么，交易成本理论和委托代理理论如何为企业社会责任所用，为其建立合法性呢？这就得益于企业契约理论的发展和利益相关者理论的出现。早期的代理理论确实以如何设计一系列契约以确保职业经理人能服务于股东权益最大化。但是，随着对委托对象研究的深入，比如阿尔钦和德莫赛茨、麦克米伦等学者对“一个委托人对多代理人”的问题的研究（Aghion and Tirole，1972；Mcmillan，1991），伊藤对团队代理人问题的研究（Itoh，1991），委托代理问题逐渐突破了股东和职业经理人的范畴。事实上，委托代理关系广泛存在于企业内的多个主体之间、不同组织之间，比如企业和律师、注册会计师之间，选民与官员之间、医生与病人之间。比如非常著名的华人经济学家张五常，其最为代表性的理论贡献——“佃农理论”，就探讨了“地主和佃农”之间的委托代理关系（Cheung，1968，1969）。此外，企业内的委托人和代理人的关系，也并不必然是股东与职业经理人之间的关系，也可以包括职业经理人与其他员工之间的关系。甚至这种主客体关系，也不一定由上至下传递，比如，相比直接生产者，管理决策者不必然成为委托人。国内著名学者张维迎就探讨了“谁是委托人，谁是代理人，委托权如何在不同成员间分配”的问题，并提出了最优委托权安排模型（张维迎，1994，1995）。

企业契约理论认为，企业的本质是“一系列契约的集合”，而委托代理关系的拓展，实际上打破了“企业是围绕股东为主体所展开的一系列契约的集合”，因而股东中心论丧失了企业契约论的强大支撑，这就为企业社会责任依企业契约论获取合法性地位创造了机会。

那么，企业社会责任理论又是如何将企业契约论纳为己用的呢？

企业社会责任思想最早由克拉克（Clark，1916）提出，其后谢尔顿（Sheldon，1924）正式提出企业社会责任的概念，鲍恩对企业社会责任进行了深入的论述，使其成为独立的研究领域（Bowen，1953）。企业社会责任中最具代表性的理论框架是卡洛四框架理论（Carroll，1979），它源于对社会公众伦理期望的满足（企业社会响应理论），认为企业社会责任是指某一特定时期社会对组织所寄托的经济、法律、伦理和自由裁决的期望。此后企业社会责任一度以企业社会绩效理论（Wartick and Cochran，1985）为基础。狭义的企业社会绩效主要指企业在承担社会责任方面的表现，侧重于企业社会责任的外部评价。但之后，企业社会责任迎来重大发展。企业社会责任领域的代表性人物，爱德华·弗里曼在1984年所发表的《战略管理的利益相关者方法》一书中，提出了以利益相关者理论为基础的企业社会责任观，产生了巨大的影响，也为企业社会责任的合法性打下了最为重要的理论基础（Freeman and Evan，1990）。之后，另一位重要学者克拉克逊（Clarkson，1995）继续肯定了利益相关者理论对企业社会责任的基础地位，并发展了弗里曼的理论。弗里曼的研究，划分了企业社会责任的内容，克拉克逊的研究则划分了企业社会责任的对象，成为企业社会责任实践的重要指引。其后社会绩效理论又出现了极具代表性的成果——艾廷顿（Elkington，1998）的三重底线责任理论，但也未撼动利益相关者理论对企业社会责任的基石地位。

首先，弗里曼给出了利益相关者的经典定义，是指能够影响一个组织目标的实现，或者受到一个组织实现其目标过程影响的所有个体和群体。接着，他从所有权、经济依赖性和社会利益三个维度对利益相关者进行了分类，提出，这些利益相关者对企业的影响力可以分为经济影响、技术影响、政治影响、社会影响、管理影响等不同类型，他们甚至能对企业正常运营产生至关重要的影响，这种影响力决定了利益相关者对企业具有某种权利，比如要求企业满足自身合理诉求，要求企业弥补其行为外部性所造成的自身损失等。之后，弗里曼和另一位合作者伊万于1990年进一步发展了自己的思想，为利益相关者的合法性寻找到了企业契约理论的支持。他们提出，企业契约是“以利益相关者为多边主体所形成的一系列多边契约的集合”。利益相关者的主体包括管理者、员工、顾客、供应商、经销商、政府、债务人等，他们都构成了契约的参与者，并向企业提供了某种特殊资源。因此，他们享有契约的平等谈判权，从而保护自身权益。这使得利益相关者和股东一样，具有要求企业对自身（多边契约参与者）履行责任的权利，只不过其重要性、紧迫性存在不同的差别。例如，企业往往需要和关键原料的供应商、大客户、主要经销商等结成战略合作伙伴，这些利益相关者也往往向企业注入了“专属资产”，它们是企业的重要利益相关者，具有优先的诉求伸张权，可要求企业履责。比如富士康公司和苹果公司的关系，富士康公司对苹果公司所开发的专属生产线、技术专利等投入，就是其向苹果注入的“专属资产”。同样，苹果公司向富士康开放部分核心技术，富士康和苹果向彼此开放一些生产运营、市场营销等方面的信息系统，来提高管理协调有效性，降低成本。因此，富士康公司具有向苹果公司要求不随意更换代工企业、不恶意压低订单价格等诉求权。可见，公司不可以股东权益最大化为唯一原则来对待利益相关者，甚至需要对重要利益相关者做出诸如互相持股、共同构建专属资产（对上下游企业），免费服务、无条件退货、质量保证（对消费者），员工职业成长计划、员工持股计划、年金计划、恶意解雇惩罚（对员工）等制度安排，如果公司不履责，它最终将承担破坏契约的后果，损害自身利益，甚至丧失生存的合法性。

通过利益相关者理论，弗里曼及后续的研究者为企业社会责任的法理依据填上了企业契约理论这一块重要拼图。

（二）产权理论之争

产权理论，对于股东中心论而言，是比企业契约论更重要的支持性理论。而罗纳德·哈里·科斯对产权理论领域做出的全新解读，同样为企业社会责任获取产权理论的支持，起到了非常关键的作用。科斯对产权问题的全新观点是开创性的，他直接导致了法律经济学派的诞生。传统经济学理论认为，信息不对称和外部性将导致市场失灵，因此市场需要干预。科斯在《社会成本问题》一书中提出，交易成本可以解决外部性问题。由此可知，这是企业作为市场之外的另一种资源配置方式思想的延续。如前所述，所谓外部性，即一个人或一群人的行动和决策使另一个人或一群人受损或受益的情况。比如，企业生产过程的排污行为，会造成环境污染，这就是企业行为的负外部性。而企业员工学到了先进的管理知识，那么他有可能跳槽到其他高薪企业工作，这是企业行为的正外部性。传统的经济学理论认为，由于外部性破坏了价格机制，所以，正外部性会导致消费不足，负外部性会导致消费过度，它是市场失灵的表现，政府需要对外部性进行调节。比如，企业不承担全部的排污成本，它的一部分成本由当地的环境和社区居民承担，意味着一个行为的收益不变，但承担的成本小于实际成本，而市场参与者皆遵从利益最大化原则，那么，就必然导致行为过度发生。所以，政府就必须对企业施以罚款，来恢复排污行为的应有成本，从而使排污行为的过度化倾向得到纠正。但是，科斯从交易成本的角度重新论述了外部性问题。他认为，以往的理论没有识别出交易成本的存在，实际上，当企业行为具有较大的负外部性时，虽然它只承担了较少的生产成本，但它与所影响的对象之间的交易成本却会上升，因此企业或者需要将这些行为纳入企业自身，通过这一扩张过程，以较低的管理协调成本来代替较高的交易成本，以企业代替市场来配置资源；或者需要通过弥补影响对象的方式来降低攀升的交易成本，那么生产成本又将上升，这同样避免了外部性对市场调节机制的破坏。而反过来，如果企业行为具有较大的正外部性，它与所影响的对象之间的交易成本有所下降，那么将企业与这一对象之间的关系市场化是更有效率的做法。例如，当企业的生产过程负外部性强时，它可能需要支付更高的工资，或花费更多的时间或精力来招聘优秀的员工，它的交易成本就上升了。当企业的产品消费具有较高的负外部性时，它花在获取消费者上的成本就会更高，它的交易成本同样会上升。因此，这就引出了一条非常著名的定理，由乔治·斯蒂格勒对科斯的思想进行高度概括而产生，称为科斯定理，即“在完全竞争条件下，私人成本等于社会成本”。

从科斯的这一阐述可以很容易地引申到企业社会责任问题。即企业履行社会责任，正是基于交易成本的约束。企业对利益相关者负责，才能控制好交易成本。但是，到此为止，企业社会责任似乎还没有和产权理论建立关系。这里就需要进一步介绍一个更重要的思想引申——“只要交易成本为零，那么无论产权归谁，都可以通过市场自由交易达到资源的最佳配置”。一旦交易成本为零，无论产权如何界定，这些针对产权的法律规范都不会影响市场交易行为的结果，即帕累托最优不变。而反之，我们可以得出，既然交易成本真实存在并发挥着重要作用（直接规定着企业存在的意义和界定着企业的规模），那么产权归属就必须重新理解，仅仅将股东（传统的、以实物资产获得企业股份）视为产权的全部所有者，不符合利益相关者对交易成本具有重要影响的实际地位，企业行为的后果不仅仅由股东承担，由于外部性的存在，利益相关者也承担了企业行为的部分后果。从前文对委托代理理论的介绍可知，实际上，为了解决委托代理问题，很多对策都涉及对股权所代表的产权的再分配问题，比如员工持股（以劳动入股、以技术入股、以工龄入股等）、职业经理人持股（以降低道德风险入股）等制度安排，以及对产权所代表的剩余价值控制权的再分配，比如独立董事制度（不具有股票，但可以插手剩余价值控制权）。这些制度安排虽然没有直接探讨产权问题，但都触及产权所对应的权利。

既然股东对实物资产的投入已经不构成产权的全部条件，那么利益相关者拥有产权（无论是否以获得股票为表现形式），也就不难理解了。

至此，企业社会责任借由以利益相关者理论为基石，通过对企业契约理论和产权理论的发展和再解释，代替股东中心论，确立了自己的合法地位。而正是由于这一过程的实现，才真正解决了企业社会责任和股东利益的二元对立问题，彻底终结了对企业社会责任古典观点的质疑。

在这之后，建立在利益相关者理论基础上的企业社会责任理论大踏步发展（Donaldson and Preston，1995），从 20 世纪 90 年代起，企业社会责任理论逐步走向利益相关者共同治理的公司治理研究阶段（Blair，1995）。从内部制度安排上，将企业置于内外部利益关系中心位置的微观视角，根据利益大小（Frederic K，1988；Clarkson，1994）、性质（Freeman，1984）、合法性（Mitchell and Wood，1997）、紧迫性（Mitchell，1997）等标准划分不同利益相关者的重要性，并开启了利益相关者按重要性不同程度参与企业治理的制度安排等相关研究。在外部制度安排方面，则有国际社会、多国政府、非政府组织的大力推动，如“全球契约峰会”“可持续发展战略”、SA8000 社会责任国际标准认证等，彻底摆脱了股东中心主义对企业社会责任理论的束缚，真正保障利益相关者的权益。

三、中国的可持续发展战略和绿色发展战略

（一）企业社会责任的硬约束

在学理层面解决了企业社会责任的合法性问题，为实现企业社会责任的企业内外部制度保障扫清了障碍。但是理论的发展、国际环境的变化，对于大多数中国企业而言，还比较缥缈、遥远。而对中国企业更有具体的、直接的、实质性影响的是，中国的国家政策、治国理念的重要转变——可持续发展战略。可持续发展战略从 1994 年开始提上国家议程；党的十五大、十六大、十七大、十八大，都对可持续发展战略提出了具体要求；党的十九大报告将可持续发展战略的重要性提到了新的高度，并将其确定为决胜小康社会建成的七大战略之一。“十四五”规划则提出绿色发展概念，坚持“绿水青山就是金山银山”的发展理念，尤其是强调了尊重自然、保护优先、自然恢复等发展战略。

以上这些国家战略为中国企业提供了履行社会责任的、现实的制度环

境。当前的国家战略主要影响的是企业社会责任中的资源责任和环境责任，对企业运营的制度压力主要是绿色转型，包括生产运营过程中的污染物排放、节约能源、能源绿色转型等问题。这是一个比较刚性的外部条件，企业想要获得自身存在的合法性，就必须履行这部分社会责任。

（二）企业社会责任的软约束

除了“碳达峰、碳中和”等具体的、量化的刚性约束之外，其实还有一些软约束特别容易被企业忽略。中国的可持续发展战略还关注了大量社会问题。2020—2025 年是全球落实《联合国 2030 年可持续发展议程》的第二个五年，也是中国推进“国民经济和社会发展第十四个五年规划”的五年，我们正处于这个阶段。政府重点关注的社会问题主要有 17 个，包括贫困问题、粮食安全问题、健康问题、教育问题、性别平等问题、妇女儿童残疾人权益问题、水安全问题、能源安全问题、就业问题、抗灾问题、公平问题、宜居城市问题、气候问题、海洋生态问题、森林生态问题、法治问题、国际合作问题。

一些有先见之明的企业，立刻从中找到了自己的战略机会。比如，安利纽崔莱就在 2023 年紧跟中国发展规划，提出了自己的可持续发展战略——“可持续的绿色健康之路”（围绕零碳产品、零碳工厂展开）、“有价值的大健康共享平台”（主要举措是打造有机农业）和“更美好的全面健康社会”（重点落实在社区传播健康知识、开展健康公益活动）。再如，中国互联网巨头、超级独角兽企业之一腾讯公司，腾讯于 2021 年提出可持续社会价值创新的核心战略，即在公益慈善、乡村振兴、医疗普惠、数字支教、科技养老、基础研究、碳中和等多个社会议题上，以科技创新的核心能力为抓手，助力人、环境、社会的可持续发展①。但是很多企业可能会认为，这 17 个问题更多的是从国家层面去解决问题，与企业无关。其实，由于以下两个方面的原因，这些社会问题将构成对企业履责的软约束。

1. 国家的可持续发展战略为隐性的社会规范提供了政治背书

这种企业违背由国家政治层面背书的隐性社会规范，导致存在合理性

---

① 北京青年报：《我国民营企业达 4900 万家　已成为促进共同富裕重要力量》，https：//app. bjtitle. com/8816/newshow. php？ newsid = 6360698&typeid = 1&did = aea02083aca94311b57e355c55f72dad&ff = fz&uid = 449732&show = 0&fSize = M&ver = 3. 2. 1&mood = wx，2023 年 6 月 12 日。

丧失的现象，套用一个美国社会的高频词——“政治不正确”。因为政治不正确，以强调完美身材著称的内衣品牌“维多利亚的秘密”，被认为贩卖焦虑、不尊重女性，丧失了其存在的合理性，在美国社会日益衰落，曾经红遍全球的维密天使内衣秀在2019年落下了帷幕，2020年“维多利亚的秘密”宣告破产。为了“政治正确”，企业对社会热点问题履行责任，漫威超级英雄电影里，删掉了漫画中老“蚁人”皮姆博士家暴的故事情节；迪士尼公司在重拍经典电影《美人鱼》时，选择向大众呈现“黑皮肤美人鱼”的颠覆性形象。这些例子说明，即便没有政策的刚性约束，在政府大方向的引导下，比如上述案例涉及的性别平等、种族平等等社会问题，即使不涉及任何违法违章情节，企业为了赢得社会合理性，也必须履行社会责任，甚至不惜矫枉过正。

有些人可能会认为，那是美国，美国民众才会如此关注社会问题，将社会问题凌驾于企业经济表现之上。其实，中国向来具有高度道德批评的社会传统，“为富不仁”是很严重的社会指责。改革开放以来，当前中国社会的公众伦理期望也已经日新月异、今非昔比。正如开篇第一节所分析的“道德伦理化的消费环境”所述，中国企业社会责任公众调查表明，收入水平的上升、受教育程度的提高和市场经济的深化，显著增强了中国公众对企业社会责任的关注程度（金碚和李刚，2006）。田志龙等（2011）的实证研究更进一步发现，在中国市场上确实存在具有社会责任意识的消费者，他们关注并且支持企业在更高层面上的企业社会责任行为，这些消费者占被调查人口的38%。早在1995年，美国学者Roberts在大样本调查的基础上得出具有社会责任意识的消费者占美国人口32%的结论，而今中国消费者占比也已经不亚于美国了。来自中国的数据表明，企业社会责任对中国消费者的购买决策具有和对西方消费者一致的显著正向影响（Sen and Bhattacharya，2001；Luo and Bhattacharya，2006；金立印，2006；周延风等，2007；马龙龙，2011），更有甚者，由于儒家价值观的熏陶（辛杰，2013），中国消费者呈现更高程度的企业社会责任体验（Yoon，2009）和更高的企业社会责任期望（罗鑫，2004）。由此可见，在美国，“政治不正确”的企业会遭到严重挑战，在中国，企业不符合消费者的伦理期望，一样有可能“社会性死亡”，轻则遭受舆论指责，重则销量、股价受挫。甚至某一些问题在中国更敏感，例如明星不雅照曝光事件以及童装品牌事件。

除了可持续发展战略和绿色发展战略等国家战略层面对企业形成的或刚性或柔性的履行社会责任外部环境之外，还有一些法规层面构成的企业履责外部环境，比如食品安全问题、消费者权益保护问题、劳动者权益保护问题等。由于有了国家法规层面的约束，企业在某些问题上，即便不违法，但只要未能充分履责，公众就有了较强的予以谴责和用脚投票的合理性依据。

2. 同行业企业响应国家的可持续发展战略开展企业社会责任活动，会对其他企业形成潜在的合理性威胁

虽然这部分问题并没有对企业构成刚性履责的外部条件，但是从竞争角度考虑，一些同行业企业沿着国家规划的方向大力开展自己的企业社会责任活动，对同行业企业也形成了较强的、隐性的、合理性威胁。比如，前面提到的某企业“捐款门”事件，在同行业企业积极抗灾的强烈对比下，会导致其合理性的丧失，从而遭到极大的社会谴责。当下，新能源汽车，在政府政策和官媒舆论的强烈引导下，已经开始在社会上隐隐出现对油车企业的存在合理性构成挑战的迹象。

从苹果公司近年来越来越重视隐私保护政策，甚至在 2019 年推出了首支 iPhone 隐私广告——“Privacy. This is iPhone”（隐私。这就是苹果）来看，这种做法精准打击到了 iPhone 头号竞争对手 Android 操作系统的软肋。其实，早在 2013 年，苹果公司从推出 iOS6 智能手机操作系统开始，出于对用户以及每一台苹果手机的隐私保护、用机安全，已开始全面实施禁止 App 获取 IMEI 的隐私保护政策。IMEI，即国际移动设备身份码，这是每台手机的全球唯一识别码，由于其可以精准定位到个人，也就成了广告商精准投放广告、构建用户画像、智能个性推荐的重要手段。但是，苹果考虑到广告商希望可以监测广告投放的效果，因此发明了一套与手机隐私无关，仅仅作为广告商可以观看的标识符，提供给广告商进行广告追踪，也就是 IDFA（广告标识符）。同时，苹果也允许用户在设置中重置新的 IDFA，避免被长期跟踪。从 iOS10 开始，苹果公司加入了“限制广告追踪”的选项，也就是说，从 iOS10 开始，只要用户打开了“限制广告追踪”的选项，App 只能获取到一串无意义的代码。到了 iOS11 时，苹果又增加了多种隐私保护设定，比如针对手机锁屏后信息推送会显示详情预览

的情况，iOS11 用显示信息数量的方式替代了通知详情。而苹果的 Safari 浏览器，也会删除 30 天以上的所有 Cookie 记录。

2020 年，苹果公司进一步大幅加强了隐私保护力度。在 WWDC 开发者大会上，苹果公司宣布将在更新的 iOS14 操作系统中限制 IDFA，广告营销行业再次哀鸿遍野，力度堪比当年禁止获取用户数据的 App 上架苹果商店的隐私政策。虽然，在 iOS14 系统推出之前，苹果也允许用户选择启用“限制广告跟踪”（LAT）功能来限制 IDFA 对个人信息的追踪，但这项功能是默认关闭的，这就导致了大量用户在不知情的情况下成了广告主的“赚钱机器”。营销情报平台 Singular 数据显示，在美国只有不超过 30%的 iPhone 用户会主动开启 LAT 功能，英国则为 28%。因此，iOS14 从默认开启用户数据追踪，变成了需要用户授权。它要求 App 在访问用户设备的 IDFA 前，必须明确请求用户许可，并且系统还将引入“隐私控制面板”，让用户可以更加直观地看到 App 到底追踪了哪些信息。数据统计显示，超过七成用户面对弹窗会选择“不允许”。于是这便意味着线索、数据、信息的断裂。IDFA 受限后，对效果归因、构建用户画像和程序化广告影响重大，尤其是开放市场中的程序化广告技术，或将遭遇灭顶之灾，相似受众定向、重定向等玩法几乎退出历史舞台。

在这种情况下，一些行业巨头公司也开始奋起反击。比如，作为广告巨头的 Facebook，其反应就尤为激烈。2020 年底，Facebook 买下了《纽约时报》《华尔街日报》《华盛顿邮报》等主流媒体封面，公开声讨苹果公司的所作所为伤害了广大企业主——“如果没有精准投放技术，中小企业的广告转化效果会损失 60%”，并且宣称要为了小企业的利益公开站在苹果的对立面。而且，Facebook 很快推出了自己的应用商店，试图抗衡苹果。苹果迫于多方施加的巨大压力，将新隐私保护政策实施的时间推迟到了 2021 年。同时，为了反击 Facebook 的行动，2020 年 12 月，苹果公司增加了“隐私标签”功能，开始显示 App 收集用户信息列表。此举相当于公开发布了 Facebook 收集用户信息的所有内容，用户能轻易发现，Facebook 所收集的用户信息可以在苹果手机上拉上好几页，这是一次公开处刑，让 Facebook 联合民意讨伐苹果的正义性尽失。最终，虽迟但到，苹果公司的新政还是面市实施了。

目前，苹果是唯一一家不向第三方提供用户数据的科技公司，甚至扛住了美国联邦调查局要求访问其本地存储数据的压力。而谷歌、亚马逊和Facebook 等都通过向第三方经纪商和广告商出售用户数据赚取了数十亿美元。尤其是谷歌，作为 Android 操作系统的开发公司，其 80%以上的收入来自销售用户数据。自从 2018 年 3 月，Facebook 爆出骇人听闻的用户数据泄露丑闻，5000 万用户数据被剑桥分析公司以不当手段取得，借此操纵美国大选，引起了美国社会极大轰动，最终被处以 50 亿美元罚款，成为有史以来最大的科技公司侵犯隐私罚款，远超 2012 年谷歌的 2200 万美元罚款。这件事所暴露出来的隐私泄露的严重性，给美国公众再次敲响了警钟。因此，苹果公司越是强调用户隐私保护，对隐私安全越是不遗余力，越是将谷歌、Android 系统的手机企业和其他科技公司置于不利地位。这种用户隐私安全问题，随着苹果公司的大力践行和高调宣传，对同行业乃至跨行业知名企业都形成了越发强劲的社会规范，那些不践行隐私保护的企业地位越发尴尬，而一旦暴露出隐私泄露丑闻，就会直接威胁到其存在的合理性。

反过来，不履责的企业，则为同行业企业创造了巨大商机。比如，在消费者权益保护活动，某知名方便面企业的供应商被爆出“土坑酸菜”乱象，极大地损害了该企业的社会合理性，使其形象大损，销量大挫。但是白象方便面凭借一条“没合作，放心吃，身正不怕影子斜”的微博借机崛起了，一时声名大噪，俘获民心无数。

四、共同富裕的经济政策和企业在三次分配中的社会责任

在国家的贫富差异方面，国际上比较常用的指标是基尼系数（Gini Index）。1979 年世界银行报告显示，中国城市家庭人均收入基尼系数为 0. 16。0. 16 是个什么概念？是在全世界范围内从来没有见过的数据，没有一个民族能把财富配置成这样。这是我们社会贫富差距的起点——高度的社会平均。随着经济高速发展，国家统计局在 2000 年发布的中国基尼系数为 0. 412，通常而言，基尼系数在 0. 4~0. 5 属于差距过大，0. 5 以上为差距悬殊。2013 年，国家统计局再次发布中国社会的基尼系数为 0. 473。

民间常被大家引用的两个数据，一个是西南财大甘犁教授的团队发布的，另一个是北京大学谢宇教授的团队发布的。2009 年，西南财经大学经济与管理研究院院长甘犁教授，发起并领导了全国范围内的学术调查——

《中国家庭金融调查》，并于 2011 年发布了当年的基尼系数为 0.61。2014 年 7 月，北京大学中国社会科学调查中心谢宇教授组织完成的《中国民生发展报告 2014》显示，1995 年中国家庭净财产的基尼系数为 0.45，2002 年为 0.55（1995 年和 2002 年数字来自以往研究），2012 年达到 0.73。该报告认为目前中国三成以上的社会财富被顶端 1%的家庭所占有，而底端 25%的家庭仅拥有一成社会财富。基于所掌握的这些数据，谢宇团队提出了一个核心观点：财富不平会自我强化①。8 年后，似乎是对这一观点的经验验证，胡润研究院发布 2022 全球富豪榜显示，2022 年全球共有 3381 位身家 10 亿美元的企业家，其中，中国 1133 人、美国 716 人。

众所周知，有中国特色的社会主义道路是允许一部分人先富起来，最终实现“先富带动后富”。中国的经济状况似乎走到了“先富带动后富”的历史时刻，国家政策正逐渐从效率向公平转向。2006 年，中国政府废除了绵延一年多的农业税，颁布新农合政策，以及对 2008 年次贷危机起到重要应对作用的“家电下乡”运动等，都是向社会公平进行兼顾的新变化。2020 年，第十三届全国人民代表大会第三次会议闭幕后的记者会上披露的数据显示，中国当前有 6 亿人口的每个月收入只有 1000 元左右。2020 年 11 月，中国 832 个贫困县全部实现脱贫，国家政策也从“全面脱贫”迈上了“乡村振兴”“共同富裕”的新历史阶段。一个标志性事件是，2021 年 7 月 1 日，在庆祝中国共产党成立 100 周年大会上，习近平总书记庄严宣告：“经过全党全国各族人民持续奋斗，我们实现了第一个百年奋斗目标，在中华大地上全面建成了小康社会，历史性地解决了绝对贫困问题，正在意气风发向着全面建成社会主义现代化强国的第二个百年奋斗目标迈进。这是中华民族的伟大光荣！这是中国人民的伟大光荣！这是中国共产党的伟大光荣！”中国政府已经确立了明确而量化的目标，即在 21 世纪中叶，基本实现全民共同富裕，并提出了很多重要举措，比如，加大再次分配、三次分配的调节力度，加快垄断行业改革，加大对高收入提高个人所得税和消费税等调节力度，加大技能人才培养，公共服务均等化，保护知识产

① 人民文摘：《一万五千户里的中国》，http：//paper. people. com. cn/rmwz/html/2015-01/01/content_1524128. htm，2015 年第 1 期。

权，等等①。

这一国家政策的转变，一些人可能以为和企业社会责任没有直接的关系，但其实是高度相关的。2022 年 12 月 15 日，习近平总书记在中央经济工作会议上发表重要讲话，“无论是国有企业还是民营企业，都是促进共同富裕的重要力量，都必须担负促进共同富裕的社会责任”“民营企业家要增强家国情怀，自觉践行以人民为中心的发展思想，增强先富带后富、促进共同富裕的责任感和使命感”。如果说这番讲话还只是一个大体的政策导向的话，那么政府还明确了企业在三次分配中的三重社会责任：

“在初次分配中，民营企业要完善工资分配制度，健全工资合理增长机制，以高质量就业促进劳动者收入水平稳定增加；

“在再分配中，民营企业作为完善再分配调节机制的重要力量，应诚信守法经营，不断创造和提高经济效益，依法纳税，为国家完善再分配机制履职尽责；

“在三次分配中，民营企业应积极开展慈善事业、志愿服务关爱行动等，积极探索慈善公益事业新模式，扶弱济困，回馈社会。”

在政策出台之外，国家还安排了政策试点。浙江省率先挂牌“共同富裕示范区”，先行探索共同富裕的政策落地的可行手段。浙江省随即开展了由政府官员、企业和社会各界共同参与的“慈善一日捐”活动，即捐出自己的一日工资、一日利润。

很多大企业快速响应了习近平总书记提出的这一重要国策。新加坡《联合早报》2021 年 9 月 1 日报道称，在中共中央财经委员会会议将“共同富裕”摆在空前重要的位置后，阿里巴巴、腾讯、拼多多和美团等民企都对“共同富裕”的政策应声而起，慷慨解囊，其中阿里巴巴出资 1000 亿元助力共同富裕十大行动，腾讯分别两次投入 500 亿元、合计高达 1000 亿元启动“共同富裕专项计划”，拼多多投入 500 亿元启动“百亿农研专项”等。

此外，先后有 70 多家企业纷纷表态支持。据彭博新闻社网站 9 月 2 日报道，在截至 2021 年 8 月 31 日的两周内，至少有 73 家公司，包括中国最

---

① 求是网：《18 个要点，领会习近平总书记谈共同富裕重要文章的核心要义》，http：//www. qstheory. cn/zhuanqu/2021-10/16/c_1127963865. htm，2012 年 10 月 16 日。

大的保险公司之一平安保险、外卖巨头美团和中国银行，在向香港、上海和深圳证券交易所提交的报告中都提到了“共同富裕”。

除了企业此起彼伏、应者云集之外，中国的企业家们也纷纷解囊，给慈善组织捐款。彭博社汇编的数据显示，截至 2021 年 8 月底，7 名中国富豪向慈善组织捐款额已达到创纪录的 50 亿美元，比 2020 年全国慈善捐赠总额还要高出 20%，这是对政府大力推动“共同富裕”进行的有力回应。

如果说，前文所探讨的企业社会责任的学理依据和柔性约束，更多的还是诉诸企业管理者的理性自觉，那么探讨到这一步可知，国内逐步完善企业履行社会责任的制度环境已经是可预见的未来。那么企业履行社会责任就不再是管理者理性选择的问题，而是必须适应的大势所趋。有远见卓识的管理者，已经无须再把时间浪费在反复权衡利弊上，而是应着眼于如何变被动为主动，顺势而为，学习和了解企业社会责任。如果只是把财富从一些人手中转移到另一些人手中，显然并不是最有效率和最有利于各方的方式，企业管理者如何从企业社会责任中寻找战略机会和策略手段，从中创造出新的财富，并有益于社会各方才是真正的价值所在。笔者认为，以善以德，天下归心，相信“善的力量”可以决胜未来。

第二章
企业履行社会责任的道德困境

通过第一章的多角度深度分析，我们已经看到了企业社会责任的重要现实意义和高度实践价值。但是，企业社会责任的实践并非一片坦途。有些企业家已经先行预见到了企业社会责任的战略机会，他们勇于践行，敢为天下先，但却并没有因为洞察先机而先人一步，反而一脚跌进了企业社会责任的“道德困境”。

第一节　企业履行社会责任的四重“伪善”

先审视几个中国企业社会责任发展进程中，颇具代表性的、企业陷入道德困境的鲜活事件。

某知名企业家就是一个备受争议的人物。自 1983 年第一次捐款，到 2020 年，他累计个人捐款达 120 亿元，为全国捐款最多的个人。2021 年 5 月，他再次一次性捐款 100 亿元。在 2022 年公布的胡润富豪榜上，他的个人资产估值 215 亿元，排名第 261 位，甚至在其家乡福建省也排不上首富。和 2023 年荣登胡润富豪榜上排名第一、路易·威登集团总裁伯纳德·阿诺特高达 13500 多亿元的个人资产估值对照，有很大差距。可见，从他的个人资产而言，其捐款金额占比相当可观，几乎捐出了半个身家。其实，早在 2011 年，他就捐出其名下 50%的股份，共计 3 亿股，成立了某慈善基金会。截至 2021 年 3 月底，该慈善基金会已累计捐赠 31 亿元，账面剩余股份 2. 15 亿股。可以说，捐款力度相当大，公益时间也非一朝一夕，而是经年累月。面对河南郑州大水的天灾，他同样豪捐1亿元，是鸿星尔克的1倍，所属当年的利润只有26亿元，和捐款5000万元的阿里巴巴不可相提并论。但是，就是这样一个不遗余力、热心捐款的“中国首善”，却也迎来了无数质疑。从侧面也反映出很多人对其行善动机的不信任。

这种企业履行社会责任的“道德困境”，在美国也同样不乏典型案例。比如曾经于1995—2007年连续13次蝉联世界首富的比尔·盖茨，同样以热心公益著称。2008年6月，比尔·盖茨离开微软公司，并把高达580亿美元的个人财产捐给比尔和梅琳达·盖茨基金会，捐赠金额占个人全部资产的98%，这一善举震惊了全世界。当时，除了巨大的赞美声之外，“避税说”的质疑就已经甚嚣尘上。之后的十几年，比尔和梅琳达·盖茨基金会对解决疟疾、艾滋病、小儿麻痹症等问题作出了巨大贡献。比尔·盖茨不惜金钱，还亲自投身公益活动，奔走在非洲、亚洲各地，为当地人解决严重的疾病、水污染等问题。可是，比尔·盖茨的善行义举不但没有为自己未来可能的负面事件建立起较高的道德屏障，反而轻易就被基于蛛丝马迹所编织的谣言污名化、妖魔化。2020年，在很多美国人心目中，比尔·盖茨堪比“恶魔”。2020年2—4月，将盖茨和病毒联系在一起的阴谋论在美国电视和社交媒体上一共被提及了120万次，根据Zignal Labs的数据，这比第二大阴谋论“5G引发新冠疫情”的论调还高出了33%。据《纽约时报》报道，Facebook上相关的16000条帖子被点赞和评论近90万次。同年3月和4月，YouTube上最受欢迎的10个传播有关盖茨和病毒的造谣视频被反复观看了近500万次。这些关于比尔·盖茨的阴谋论为何如此轻易地被取信？而第三方网站（新闻甄别网站）的辟谣信息却影响有限？

面对这魔幻的现实，我们不禁要反复叩问，为何企业、企业家在履行社会责任的过程中容易陷入“道德困境”？他们不仅捐款数额惊人，而且长期开展公益活动，连年不辍。可是即便如此，这些义行善举、慷慨解囊，却在“黑料”“阴谋论”面前不堪一击，轻易就引发了大量质疑甚至被污名化、妖魔化。即便没有黑料、没有谣言，人们依旧以不信任的眼光揣测其行善的动机，直待负面新闻出现，就如闻到鲜血的野兽一般，趋之若鹜、轻易取信，陷入“我早知道没那么简单”的心理状态之中。如果说，有人认为这些案例只是少数极端情况，接下来本书将展示学术界对这一现象的相关研究，来力证这种现象的普遍性和严重性。（阅读指引：相关研究成果的介绍，在行文上具有学术研究高度简洁性的特点，同时带有大量引用标注，非学术圈读者可以忽略这些引用标注，以提高阅读的流畅性。这种情况在之后的章节中将多次出现，不再重复提示。）

中国企业家调查系统显示，我国90%以上的企业都不同程度地参与了社会捐赠，而且其首要动因是“提升企业品牌形象”。2015 年，中国社会科学院发布的《企业公益蓝皮书》的调查结果显示，上榜的中国 300 强企业公益捐赠总额高达 60. 03 亿元，其中民营企业平均捐赠额为 8474. 90 万元，国有企业为 8092. 42 万元，外资企业为 3255. 92 万元。然而，21 世纪初，企业社会责任运动在中国整体起步之际，企业履行社会责任的举措却意外遭遇了公众给予的“伪善”评价（Matsumoto et al.，2009；牟宇鹏、汪涛和王波，2012）。1998 年就有学者调查发现，有一半的被调查者认为企业履行社会责任是出于自身利益（Mohr and Webb，1998）。企业履行社会责任行为被认为是希望通过为自己赢得良好的品牌声誉来获取某种利益（Ven，2008）。2013 年的研究结果表明，消费者对企业履行社会责任的质疑呈上升趋势（Skarmeas et al.，2013）。由于企业社会责任感知伪善会造成公众对企业社会责任行为乃至整个企业的负面评价（Wagner et al.，2009；Lammers et al.，2010），甚至招致对企业的严厉惩罚（Janney and Gove，2011），伪善已经成为西方企业社会责任实践中一个不容忽视的现象，引起越来越多学者的关注（Brunsson，1993，2002，2003，2007；Marnburg，2001；Vaara，2003；Ungericht and Weiskopf，2007；Wagner et al.，2009；Fassin and Buelens，2011；Janney and Gove，2011；La Cour and Kromann，2011；Cho et al.，2015）。近年来，这一问题在中国更是不容乐观，事实上，中国市场中企业履行社会责任行为遭到伪善质疑的群体性事件时有发生（王静一和王海忠，2014）。学者对中国公众的调查发现，77. 5%的被访者质疑企业善事义举的动机是源自利己性商业目的（罗鑫，2004），说明少数知名企业的道德失范能负面溢出至同品类、同行业企业乃至行业外企业（Rohini et al.，2000；庄爱玲和余伟萍，2011），引发或埋下更广泛的不信任（雷宇，2015）。企业履行社会责任反落得伪善名声，以致企业社会责任“做与不做”“如何做”一度成为社会争议的焦点（牟宇鹏等，2012；樊帅等，2014）。

诚然，不可否认很多企业履行社会责任确有其自利目的，其行为更多是商业驱动的。但是，如果履行社会责任，企业就会陷入动机质疑，甚至招致伪善名声，那么企业为什么还要履行社会责任呢？这和企业社会责任能改善企业绩效、形成道德屏障、提高企业声望、获得战略优势等大量相关研究结论及目前大量企业正在履行社会责任的现实相悖。如何理解这种冲突性结论？而简单地把解决问题的办法归结为“不履行企业社会责任，就不会陷入道德困境”，则陷入了另一个极端，并非明智之举。

接下来，本书将介绍学术界对企业社会责任的伪善研究，揭示多种可能存在的原因，帮企业家和企业管理者一探究竟，在未来的企业社会责任实践中规避陷阱，真正发挥企业社会责任的价值。

伪善在工商管理领域的相关成果又可分成四个主要的研究探索，一是道德伪善（Moral Hypocrisy）；二是组织伪善（Organizational Hypocrisy）；三是组织退耦（Organizational Decoupling）；四是企业伪善（Corporate Hypocrisy）。

一、道德伪善

道德伪善以 Batson 等（1997，1999，2002，2006）的相关研究最具有代表性，道德伪善是指一个人在商业行为中具有让自己看起来很道德的行为动机，但同时又尽可能避免践行道德所应付出的相关成本。道德伪善被认为在商业行为中普遍存在，已经成为一种实用主义的惯例，它使商业主体兼备道德带来的信任、承诺和利益最大化的好处。从道德伪善的角度而言，企业开展企业社会责任活动落得伪善名声的原因在于，企业把道德伪善当成一种商业行为的最佳策略和实用美德，在开展企业社会责任活动时主动伪善而招致的恶性后果。由于道德伪善的相关研究的分析视角是基于行为主体而非对象客体的，因此并没有站在利益相关者的角度分析感知伪善所带来的风险和损失，尤其没有考虑社交媒体快速发展，企业信息失控（Tapscott and Ticoll，2003）、话语权旁落和公众组织力量崛起（Friedman，2007；Shirky，2009）的新形势。

二、组织伪善

根据 Brunsson（1990，1993，2002，2007）的研究，组织伪善是组织

在面对多种差异化的乃至相互冲突的利益相关者诉求时，为获得合法性所采取的一种必要的应对策略。但这种策略越来越难以为继和高风险，反过来损害了组织行为的合法性认同。Brunsson 关于组织伪善的定义被其他学者运用到商业道德和企业社会责任领域（Marnburg，2001；Huzzard and Ostergren，2002；Vaara，2003；Boiral，2007；Mark - Ungericht et al.，2007；Holzer，2008；Mantere，Pajunen and Lamberg，2009；Schwartz and Tilling，2009）。Cho 等（2015）进一步将组织伪善演绎为在信号理论和合法性理论相互冲突的两难境地下组织履行企业社会责任的必然后果。

企业的经济能力（Freeman，1984）有限，却试图兼顾股东和社会分别对于经济和伦理的不同利益诉求（Huzzard et al.，2002；Holzer，2008；Mantere et al.，2009；Schwartz et al.，2009）。从长期来看，伦理诉求的满足是达成经济诉求的有效手段（Jensen，2001；Brammer and Pavelin，2005），从短期来看，经济诉求和伦理诉求则相互冲突。鉴于利益相关者的重要性、权利性（Mitchell et al.，1997）等不同，往往导致最终屈从于股东的短期利益诉求（Hooghiemstra，2000；Fassin，2005），因此企业不得不伪善（Hooghiemstra，2000；Fassin，2005；Brunsson，2007；Marquis，Glynn and Davis，2007）。随着股东平均持股期从 20 世纪 60 年代的 8 年大幅缩短为现在的 5 天左右（Ro，2012），这种利益冲突也就愈加严重。因此，从组织伪善的研究视角而言，企业开展社会责任活动落得伪善名声的原因，是经济和伦理的不同利益诉求对有限经济资源争夺下的必然结果。

虽然不少学者强调组织伪善受制于经济与伦理的二元冲突，但也有一些学者指出经济与伦理存在一致性，并且为企业履行企业社会责任带来了战略机遇（Porter and Kramer，2011；Chandler and Werther，2014）。Sen（1993）从而提出伦理和经济同源的思想，认为伦理具有经济学基础。

三、组织退耦

组织退耦是指为增强组织合法性而割裂组织结构与保证组织技术效率的生产实践两者间的逻辑关系（Mayer and Rowan，1977）。组织退耦的原因是制造企业的“务实性”（Mayer and Rowan，1977；Fiss and Zajac，2006）。组织退耦的主体多为获得国际认证的制造企业，在行为表现上主要是未采取所声称的组织结构和流程再造标准。也就是说，为了增强组织合法性而试图获取国际认证，但在行为层面，则没有真正实践组织结构和流程再造标准。随着 SA8000 标准（社会责任标准）等的影响力逐渐扩大（其中包括劳动者权益保护、消费者权益保护、环境保护等多项要求），组织退耦和企业伪善的研究逐渐重叠。"组织退耦"现象（Mayer and Rowan，1977；Fiss and Zajac，2006）在面对公众伦理意识的压力情况下，也暴露出更多的"企业伪善"问题。

四、企业伪善

从企业这一行为主体的角度出发，道德伪善和组织伪善分别以 Batson 等（1997，1999，2002，2006）和 Brunsson（1990，1993，2002，2007）为代表取得了一系列理论成果，并被其他学者运用到企业社会责任战略领域。但从对象客体的角度引出的感知企业伪善问题，却直到 2009 年才由 Wagner 等首次在 *Journal of Marketing* 上提出。Wagner 等从认知心理学角度提出了企业伪善的概念，是指公众形成的企业所宣传的企业社会责任理念与其实际行动不一致的确定性意见。从企业伪善的角度而言，企业履行社会责任却落得伪善名声的第四种解释是，企业"言"（企业社会责任理念）与"行"（企业社会责任行为）的不一致信息造成的公众的感知伪善。Wagner 等认为，企业就像人一样，一旦言行不一，就会被感知伪善。他们的研究把个体伪善的理论成果引入商业领域，并致力于从沟通策略的角度来克服感知伪善，因此被 La Cour 等（2011）批评为沟通策略的伪善。

牟宇鹏等（2012）针对"不一致"信息问题进行了更深入的研究，他们指出"不一致"来自三个方面，一是企业的响应行为与对企业社会责任的一贯主张或形象不一致；二是企业社会责任行为与企业能力不匹配；三是企业社会责任行为与相应事件不匹配。正是这三个方面的不一致导致了感知伪善，而宣传强度和主动性不当会进一步强化感知伪善。还有部分学者从公众的视角提出了感知伪善的原因，如公众的误解或者信息不对称（Fassin et al.，2011）。此外，王静一等（2014）对感知企业伪善的构念维度进行了理论分析。雷宇（2015）从财务角度研究了当企业一边履行社会责任一边进行盈余管理时公众是否能识别伪善行为，并从股票定价上对伪善企业进行惩罚。

第二节 企业履责困境的学术迷思

一、四种伪善的迷思

从道德伪善、组织伪善、组织退耦和企业伪善的前期研究中，我们获得了关于企业履行社会责任却招致伪善名声的多个答案。道德伪善和组织伪善所研究的都是行为主体角度的伪善问题。前两者的不同在于，道德伪善是主动伪善，视伪善为一种有效的商业策略；而组织伪善则是被动伪善，强调在经济和伦理相互冲突的诉求下企业的不得已而为之。如果说，道德伪善和组织伪善更偏重企业履责的目的，从而存在目的不纯或目标冲突的问题，那么，组织退耦则更强调组织在执行层面的脱节。而企业伪善，又不同于以上三者。道德伪善、组织伪善和组织退耦都是从行为主体，也就是企业角度展开的相关研究，而企业伪善，则是围绕客体角度展开的伪善研究，是由企业“言”（企业社会责任理念）、“行”（企业社会责任行为）不一，所造成的、公众感知的“伪善”。

那么，以上四种伪善研究是否揭示了企业履责却陷入“道德困境”的全部原因呢？笔者的答案是否定的。如果说有一些企业确实主动或被动地“伪善”了（道德伪善、组织伪善），在组织层面脱节了（组织退耦），他们总有一天会在“言行不一”中暴露自己（企业伪善），这种企业履责反招致伪善名声的情况，可谓“自作自受”，我们可以理解。但是，有没有一些企业是真心从事企业社会责任，也确实信守承诺、真金白银地捐款，却依旧陷入“伪善”争议的情况呢？迄今为止，我们所获得的答案，还不足以解开企业履责的全部“道德困境”。所以，到目前为止，企业履行社会责任却反致伪善的分析，究竟存在何种问题？洞悉关窍的重点在哪？

牟宇鹏等（2012）的研究指出，企业的履责行为不应该超越其企业能力，这种不一致导致了感知伪善，而宣传强度和主动性不当会进一步强化感知伪善。用这个观点来理解陈某的“伪善”质疑，似乎能很好地与事实相印证。比如，有人发现工商局年检报告显示，2003—2010 年，陈某公司税后利润均为负数，负债总额超 1 亿元。这一点堪称“企业履行社会责任超过了企业的能力”，也确实是陈某被大众强烈质疑的一个原因，但是濒临倒闭的鸿星尔克、市场份额不高的白象为郑州大水慷慨解囊，却被盛赞“自己还行在雨中，却为他人撑伞”。可见，是否超越自身能力履责，也许并不是公众对企业履责行为感知伪善的“充分必要条件”。

二、归责“主动宣传”的三个质疑

那么问题会不会出在宣传的强度和主动性方面呢？陈某的高调宣传，似乎也能印证这一观点。但是，这依旧存在三个质疑。第一，苹果公司保护其用户隐私，不可谓不高调，甚至2019年干脆自己做起了广告。为什么苹果的高调和主动宣传，不仅没有招致伪善名声，反而赢得了市场？第二，如果企业履行社会责任而不广而告之，如何赢得其合法性地位？打开一些知名企业的官方网站，往往都能看到这些企业在主要页面花大量篇幅介绍它们所从事的公益、慈善及其他履责活动。事实上，有很多公益活动策划的核心就是宣传。第三，公共关系和企业社会责任有很多重叠之处，而宣传是公共关系的核心要素。追溯公共关系学科发展的历程，其萌芽、发展阶段的标志性人物，几乎都是专门从事新闻业的职业人士，比如艾维·莱德拜特·李（Ivy Ledbetter Lee），他的经典战绩之一，就是成功帮助洛克菲勒家族改变了恶劣的公众形象，通过帮助洛克菲勒家族策划和践行了很多著名的慈善公益活动，最终将人们心目中贪婪的资本大鳄，转变成富于慈善精神的真实的人，而宣传毫无疑问是其中的关键手段之一。所以问题仅仅是出在“主动且高调的宣传”上吗？

三、洞悉道德困境的关窍——利益相关者视角

企业履行社会责任，究竟应分配何种程度的企业资源和能力？企业履行社会责任应重点关注哪类事件？企业社会责任活动的宣传究竟如何开展？仅借鉴社会心理学领域个体道德的“言行一致”的分析框架，把企业完全理解为个人，试图囊括企业社会责任的复杂性和多样性，还是略显薄弱和苍白的。如何才能真正洞悉关窍，把握企业社会责任活动的本质和关键所在呢？

总的来说，企业社会责任现有的学术研究成果从不同的角度深入剖析了那些真正伪善的企业，但无助于那些确实消耗了巨大的企业资源履行社会责任，并不存在主观上的伪善，但公众却对企业的动机和行为产生根本

否定的“感知伪善”的企业。与这一问题最接近的企业伪善的相关研究，如牟宇鹏等（2012）虽然捕捉到了可能导致感知伪善的一些关于“言行不一”的可观察的现象，具有一定的借鉴意义，但这些现象彼此间的逻辑关联何在，现象背后深层次的原因为何仍未得以揭示。事实上，正如 Mishra 和 Modi（2016）所说，企业社会责任行为不是一个单维概念，不可一概而论（那种将企业社会责任行为视为单一维度的做法受到不少学者的批评），尤其是企业社会责任行为应分配何种程度的企业资源与能力，应该重点关注哪类事件，既不取决于企业有多少能力，也不取决于具体面对的事件，而是根本上取决于企业社会责任的对象——建立在利益相关者理论基础上的、由企业进行差异化沟通、对待的利益相关者。

正如第一章所述，企业社会责任理论源于对社会公众伦理期望的满足（企业社会响应理论），一度以企业社会绩效理论（Wartick and Cochran，1985）为基础，但其后又与利益相关者理论（Freeman，1984；Evan and Freeman，1988）结合（Clarkson，1995），正是利益相关者理论对企业产权关系和社会契约理论的重新演绎（Freeman and Evan，1990；Donaldson and Dunefe，1994，1995），为利益相关者取代股东中心主义提供了合法依据，才使得企业社会责任具有经济上的话语权。因此，抛开企业社会责任的对象，谈论企业社会责任为何被给予伪善评价，显然是舍本逐末、缘木求鱼。正如樊帅等（2014）所指出的，如果企业对企业社会责任的理解含混不清，就很难正确实施行为，这也可能是导致感知伪善的原因之一。企业社会责任的具体行为多种多样，差异巨大，往往根据不同利益相关者而有所不同，对象不同，行为不同，所欲达成的目的和效果也有所不同。感知伪善的深层次原因，可能正是企业社会责任对象、目的与行为手段之间的错配。故此，单纯借鉴企业声誉建立的二元因素——宣传和行为（Keller，1998），或者简单把企业伪善等同于个体伪善使用“言行不一”的分析框架，来探讨企业社会责任带来的伪善感知问题，显然不够全面，而应在此基础上加入利益相关者视角，以此为出发点审视对应的企业社会责任类型及其行为结果，对感知伪善问题形成具有逻辑关联和一致性的系统性解答，而非彼此游离的零星现象。

此外，目前关于企业社会责任的驱动机制和目的诉求研究已有不少理论成果，还有待引入对企业履行社会责任反而招致伪善评价的相关现象的研究中，指引业内和学术圈人士真正揭示其现象背后的深层原因。例如，Branco 和 Rodrigues（2006）从资源基础观的角度论证了企业社会责任行为能为组织创造某种竞争优势；Turban 和 Greening（1997）从传统经济学角度提出企业社会责任能发挥信号机制；Gray（2002）和 Suchman（1995）从组织社会学的新制度学派角度提出合法性机制；Nahapiet 和 Ghoshal（1998）从社会网络理论演绎企业社会责任对社会资本的形成机理；Pringle 和 Thompson（1999）提出善因营销是为了满足消费者自我实现、自我尊重的心理诉求而进行某种企业社会责任活动等。事实上，并非所有类型的企业社会责任都能触发这些机制，例如，合法性机制只能源自对企业有较强规制能力和紧迫诉求的利益相关者对企业履行相应责任的认同；而善因营销则直接指向慈善性的企业社会责任活动。这些理论成果的引入，有助于深入剖析不同企业社会责任类型影响感知品牌伪善的本质原因。

综上所述，企业社会责任管理不应仅限于企业声誉建立的宣传和行为的二元分析，而应该回归到利益相关者理论的视角，因为利益相关者既是企业履行社会责任的对象，又是企业社会责任行为总体评价的主体。此前的研究抛开利益相关者这一理论基础，把企业社会责任行为单维化，从动机、努力程度、情境等角度捕捉企业社会责任宣传和企业社会责任行为不一致的零星现象，来分析企业社会责任的原因，但利益相关者本身所具有的多样性和巨大差异性决定了企业社会责任行为不可能是单维度的。企业社会责任行为单维化的结果是，无从探讨企业社会责任所欲达成的对不同利益相关者关系进行差异化管理的根本诉求，这种差异化关系管理所带来的不同效应也就无从揭示。因此难以对感知伪善问题形成具有逻辑关联和一致性的系统性解答，阻碍了对不同类型企业社会责任行为所触发的中间机制等诸多理论成果的借鉴，也就不能真正理解履行企业社会责任却被利益相关者给予伪善评价的深刻原因。

本章小结

宋代大文豪苏轼的《题西林壁》：“横看成岭侧成峰，远近高低各不同。不识庐山真面目，只缘身在此山中。”诚然，每个人对这首古诗的解读都有所不同，但在本书看来，它揭示了一个宝贵的道理，识破表象、道破天机最关键的是看问题的角度。本章对企业道德困境已有的四种答案逐一进行了介绍，给读者呈现了学术界对企业社会责任道德困境问题“横看成岭侧成峰”的迷思，而对利益相关者理论视角的引入和梳理，则向读者揭示了看待这一问题的正确角度——“企业社会责任的本质是利益相关者的关系管理”。

对学术迷思的破题：①在企业社会责任行为的不一致信息的分析框架基础上，加入利益相关者的视角，提出不同利益相关者才是不同企业社会责任行为的出发点和最终评价者，充分体现出企业社会责任立足于利益相关者理论的意识形态基础；②探讨并验证企业社会责任类型、相关的中间机制及感知品牌伪善之间的关系，深入、系统地揭示感知伪善的形成机制，指引企业履行社会责任的策略安排，避免企业社会责任行为单维化，避免企业社会责任管理理论碎片化。

对企业困境的指引：①指导企业规避由于不当的企业社会责任策略而带来品牌伪善感知，避免巨大的资源浪费，避免挫伤企业履行社会责任的热情，避免阻碍以民营企业、国有企业为主体的中国企业社会责任发展进程；②指导企业明辨不同利益相关者的不同企业社会责任类型所能触发的中间机制，准确预测行为结果，更好地管理企业社会责任宣传和行为，其本质是更好地管理利益相关者关系，促进企业的可持续发展；③单个企业社会责任行为的感知伪善具有向企业外溢出的效应，传递的是不信任感，由于企业社会责任不仅具有经济影响，更具有社会影响，解决感知伪善问题有利于改善行业、市场乃至社会的整体风气，弘扬公平、正义、仁爱等正确的价值观。

接下来，我们从利益相关者视角，抽丝剥茧，逐一揭开致使企业履行社会责任踏入道德困境的管理谬误。

第三章
企业履责而感知“伪善”的管理谬误

在分析企业履责而感知伪善的管理谬误之前，还有必要打下三个基础：第一，明确一个基本概念——企业社会责任的定义；第二，认识本章将采用的一个分析工具——企业社会责任类型理论；第三，理解两类企业社会责任类型各自的作用方式。

首先，必须能识别判定分析对象，即什么是企业社会责任，哪些行为可以纳入企业社会责任范畴，哪些不能？比如，很多人认为，慈善捐款是企业社会责任，那么给员工发工资是不是企业社会责任？制造质量可靠的产品是不是企业社会责任？上市公司披露财务状况是不是企业社会责任？惩戒职场不当行为、整肃企业内部文化，是否属于企业社会责任范畴？其依据何在？其次，本章所采取的分析视角是利益相关者视角，它有一个非常重要的利益相关者分类理论，建立在这一理论基础上，引出了本章的主要分析工具——基于利益相关者视角的企业社会责任类型理论。最后，根据两类企业社会责任分别介绍其影响对象以及发挥作用的方式。具备了这三个分析基础，才可以揭开企业社会责任的道德困境之谜。

第一节　企业社会责任的行为特质和类型辨析

一、企业社会责任的定义

企业社会责任的概念具有广泛而复杂的特点（Mohr et al.，2001）。以往有不少学者和正式组织对企业社会责任的定义进行了阐述，但现有的企业社会责任定义复杂多样且尚未完全统一，不利于企业社会责任研究领域的发展。基于此，为厘清企业社会责任的定义，本章对主流的企业社会责任的定义进行梳理和整合，发现目前有关企业社会责任的定义主要基于五大视角，即社会响应视角、道德伦理视角、利益相关者视角、财务绩效视角以及可持续发展视角。

（一）社会响应视角

从社会响应视角来看，企业履行社会责任的目的是对社会期望作出响应。Robert（1991）研究发现，经济因素不能完全解释消费者的购买行为，并验证了剩余方差主要来自社会伦理规范因素的猜想。Muncy 和 Vitell（1992）认为，消费者越来越愿意考虑其私人消费行为的社会伦理影响，并试图通过自己的行为带来社会的改变。Forte 和 Lamont（1998）认为，消费者对发挥社会作用的企业评价更高，且愿意采取购买行为对企业社会责任行为做出支持，甚至付出更高的价格（Greyer and Ross，1997）。

既然消费者关注和支持履行社会责任的企业，企业回应消费者、潜在消费者而采取相应的履责行为，也是题中应有之义。Davis（1973）认为企业社会责任是企业对于经济、技术、法律要求以外的问题的考虑与回应。Carroll（1979）在此基础上进行了拓展，认为企业社会责任强调企业与社会之间的相互依赖性，包含社会对组织的经济、法律、道德和自由裁量的期望。企业社会责任是当感知到与环境和社会福利有关的责任时，企业的一种主动行为（Rim et al.，2016；Mantovani et al.，2017），无论采取何种形式，企业社会责任通常的目的是树立企业的形象，以响应其赖以生存的社会需求（Marín et al.，2016）。

（二）道德伦理视角

就道德伦理视角而言，企业社会责任是企业表现的对社会友好的行为，这些行为超越了企业利益和法律要求（Mcwilliams and Siegel，2001）。世界可持续发展商业理事会将企业社会责任定义为企业持续致力于道德行为的承诺（Arli and Lasmono，2010）。Mohr 等（2001）将企业社会责任定义为“企业最小化或消除对社会所有有害的影响，最大化对社会长期有益的影响的承诺”。在道德伦理视角下，企业社会责任是企业自愿从事的一种道德行为，超越了经济和法律责任的范围。

（三）利益相关者视角

在利益相关者视角下，企业履行社会责任是企业为了满足利益相关者的要求，维持与利益相关者之间的良好关系而做出的行为。企业社会责任指的是企业对利益相关者的责任（Brown and Dacin，1997；Sen and Bhattacharya，2001）。欧盟委员会将企业社会责任定义为在与利益相关者自愿互动的过程中，企业将其经营活动与社会问题、环境问题融合起来的行为（Öberseder et al.，2013）。Campbell（2007）强调以利益相关者为中心来补充企业社会责任的定义，表明企业不能做任何伤害利益相关者的事情，如果企业确实对利益相关者造成了伤害，必须发现危害并及时进行纠正。

（四）财务绩效视角

基于财务绩效视角，一些学者认为企业履行社会责任是企业为了提升绩效所做出的对社会负责任的行为，如企业社会责任是一种提高企业财务绩效的方式，企业社会责任可以通过积极影响企业的无形资产（如声誉、企业文化等）提升财务绩效（Surroca et al.，2010）。

（五）可持续发展视角

从可持续发展视角看，企业社会责任与企业长期的可持续发展有关，可以提升企业的长期利益，比如，企业社会责任是企业建立和保持良好声誉的基本要素，也被认为是企业竞争优势的重要战略资源（Keh and Xie，2009）。Park 等（2014）认为企业必须在其经营活动中融入社会利益，以确保自身的长期生存和繁荣。

虽然目前学术界关于企业社会责任的定义视角多样，且尚未统一，但几乎每个定义都认为企业在经营过程中不能只考虑自身的利益，而应该在法律和道德允许的框架内做出企业行为，并尽可能对利益相关者与社会公众的期望做出响应。总体而言，企业社会责任是指企业以经济的和可持续发展的方式从事经营活动，并最大限度地提高股东、消费者、员工、社会等利益相关者利益的道德行为。

因此，以利益相关者视角为基础所界定的企业社会责任概念，会和其他概念在具体的企业社会责任行为界定上存在差异。比如，给员工发放工资，从财务绩效的视角所界定的企业社会责任概念来看，这不是一个企业履行社会责任的行为。再如，开篇所提到的企业惩戒职场不当行为是否属于企业社会责任范畴的问题，如果没有引发舆情，对企业形成舆论压力，从社会响应的角度所界定的企业社会责任而言，企业内部对涉事员工的惩戒，就不是一个企业履行社会责任行为。但如果从利益相关者的视角所界定的企业社会责任概念来看，由于员工毫无疑问是企业的利益相关者，以上两个例子，就都构成企业履行社会责任的行为。

厘清了企业社会责任的概念，接下来介绍本章的主要分析工具——基于利益相关者视角的企业社会责任类型理论。

二、企业社会责任的分类

（一）企业社会责任分类概述

Carroll（1999）将一个负责任的企业需要满足的社会责任划分为四种类型，包括经济责任、法律责任、道德责任、慈善责任。经济责任是以高价值的产品满足消费者，同时为投资者创造足够的利润的责任；法律责任是要求企业在履行经济义务的同时遵守法律和规章制度；道德责任是指企业被期望遵循的行为和伦理规范；慈善责任是指与企业改善社会事业有关的经济和非经济的贡献。

Perrini 等（2010）将企业社会责任划分为顾客导向和环境导向。对于顾客导向的概念，大量研究者提出当企业被认为对利益相关者尤其是消费者（Bhattacharya and Sen，2003；Tian et al.，2011）负责任时，可以获得巨大的利润（Idowu and Towler，2004）。环境导向是指尊重和保护自然环境，本质上是一家关注环境的企业（Perrini et al.，2010）。

企业社会责任的类型可分为制度型企业社会责任（Institutional）和促销型企业社会责任（Pirsch et al.，2007；Pomering and Dolnicar，2009）。制度型企业社会责任是指企业努力履行对所有利益相关者的社会责任，为所有的利益相关者制定企业社会责任政策，并融入企业的各个方面。促销型企业社会责任则是以销售企业产品为目的进行的企业社会责任活动（Pirsch et al.，2007）。

Mattingly 和 Berman（2006）根据利益相关者的不同，将企业社会责任划分为技术性企业社会责任（Technical CSR）和公共性企业社会责任（Institutional CSR），技术性企业社会责任为企业对主要利益相关者履行的社会责任，如提高员工福利、保护消费者的安全等。公共性企业社会责任是指企业对次要利益相关者履行的社会责任，如捐赠助学、保护环境等。按照不同的利益相关者群体，可将不同的企业社会责任划分为员工、客户、社区、供应商（Panapanaan et al.，2003；Öberseder et al.，2014）、股东和环境（Spiller，2000）。

另外，企业社会责任也可以划分为三个维度：经济、环境和道德（Marrewijk et al.，2003；González - Rodríguez et al.，2015）。Brunk（2010）将企业社会责任活动划分为六个领域，即社区支持、多元化、员工支持、环境、非国内经营（Non-domestic operations）、产品（Schramm-Klein et al.，2016）。

综上所述，不同学者对企业社会责任进行了不同的划分，但在这些分类标准中，目前被学者使用较多的是 Carroll（1999）所提出的划分方式。由于在企业社会责任活动中消费者的重要性越来越强，因此未来学者可以基于消费者视角，提出更多有意义的企业社会责任划分方式，以推动相关研究的发展。另外，不同类型的企业社会责任可能对消费者响应的影响有所不同。未来研究可深入探讨不同的企业社会责任类型对消费者态度的影响及其解释机制，以帮助企业在具体的实践情境下选择最为合适的企业社会责任活动，提高企业、社会、消费者三方的利益。

（二）基于利益相关者视角的企业社会责任分类理论：技术性企业社会责任和公共性企业社会责任

在利益相关者研究领域，无论是侧重理论探索还是侧重实践指引的学术文献，都致力于将企业沟通和履责的利益相关者进行有效分类，其中特别经典的分类方法如 Mitchell 等（1997）、Freeman（1984）、Frederick（1988）、Charkham（1992）、Clarkson（1994）、Wheeler（1998）、Freeman 等（2007）的分类。我们所采用的是 Freeman 等（2007）的分类，该分类方法既吸纳了 Mitchell 等（1997）和 Freeman（1984）的分类标准，又在 Godfrey 等（2009）的发展下可与 Mattingly 和 Berman（2006）的企业社会责任分类进行理论衔接，并且分类简洁易行。Freeman 等（2007）将利益相关者分为两类，命名和 Wheeler（1998）相似，分别是首要利益相关者和次要利益相关者，但分类标准有所不同。其中，首要利益相关者是指那些对企业存在紧迫的合法性诉求，并有能力影响企业经营活动从而伸张其利益的群体；次要利益相关者则是指那些对企业同样存在紧迫的诉求，但只能影响首要利益相关者，而没有能力影响企业经营活动的利益群体。

以这样的概念界定来判断，员工属于哪种利益相关者呢？答案是取决于不同行业和企业的情况。员工既可以是企业的首要利益相关者，也可以不是企业的首要利益相关者。为什么呢？举个例子，高科技企业，比如谷歌，员工通常是其首要利益相关者，因为高科技企业属于人才密集型产业，员工往往能影响其经营活动。反过来，诸如鞋厂之类的劳动密集型产业，以国内的情况来看，员工往往是农民工，可替代性强，他们不能影响企业的经营活动，那么他们不是首要利益相关者。当然，如果当地的工会组织强大，则员工依旧是首要利益相关者。

根据 Godfrey 等（2009）的分析，由于首要利益相关者所具有的这种权利，企业与首要利益相关者之间的企业社会责任行为将为其创造某种潜在的竞争优势，这就具有了符合商业理性逐利行为的特征，因此从公众感知的角度，更容易把这种企业社会责任理解为自利行为，所以这种企业社会责任正是 Mattingly 和 Berman（2006）所指的技术性企业社会责任。对于次要利益相关者而言，情况则有所不同。由于次要利益相关者缺乏对企业经营活动的影响力，所以企业对这种利益相关者主动负责的企业社会责任行为，从公众角度更容易理解成一种自愿的自我牺牲行为，因此就具有了主动利他的性质，所以这种企业社会责任正是 Mattingly 和 Berman（2006）所指的公共性企业社会责任。

借鉴 Freeman 等（2007）、Godfrey 等（2009）、Mattingly 和 Berman（2006）的研究成果，本书将在接下来的研究中，使用技术性企业社会责任和公共性企业社会责任作为企业社会责任的两种分类，进一步明晰两类企业社会责任的行为特质，并以此为基础进一步探讨其对利益相关者的不同影响，以及两种企业社会责任之间的交互作用。

三、两种企业社会责任类型的不同作用方式

虽然技术性企业社会责任和公共性企业社会责任都能影响企业和利益相关者的关系，但是它们的履责方式不同，具体履责的客体对象（利益相关者）不同，影响客体对象（利益相关者）的方式也不同。总体而言，技

术性企业社会责任影响的是首要利益相关者，履责行为获得的是公众对企业的合法性认同，这个分析结论主要依托的是新制度主义的合法性理论。而公共性企业社会责任影响的是次要利益相关者，履责行为积累的是公众对企业的感知道德资产，这个分析结论主要依托的是真诚理论。

（一）技术性企业社会责任与合法性认同的关系以及制度压力的调节作用

Marquis 等（2007）认为，从竞争优势或经济利益的角度并不能解释所有的企业社会责任行为，企业既不会因为获利动机，也不会因为道德义务而普遍从事社会责任事业，因此，应从新制度主义的合法性角度来看待差异化的企业社会责任行为。合法性的经典定义是指，在规范、价值、信念和定义等社会结构的系统内，认为行动和个体是值得期待、合适或者恰当的一种普遍观念或假设（Suchman，1995）。根据 Scott（2001）对合法性机制的三个经典分类——规制、规范和文化认知，Marquis 等（2007）分析了企业在寻求合法性认同过程中，制度环境及其产生的制度压力对企业社会责任行为的影响。具体而言，规制对某些企业社会责任行为是以法律法规等形式采取强制力约束；而规范则通过组织基础等影响企业社会责任的总体水平；文化认知主要以共享的行动逻辑决定企业社会责任的内容和形式。郝云宏、唐茂林和王淑贤（2012）同样在 Scott（2001）的基础上分析了合法性机制对企业社会责任的影响。他们分析认为，规制使得企业不采取某些企业社会责任行为将面临严重的经济损失和社会制裁；规范则主要来自某些利益相关者的期望、职业规范等的影响，为减轻这种规范压力而采取某些企业社会责任行为；文化认知通过模仿发挥作用，模仿同行业或相关企业行为，分享某种共同的行动逻辑，以符合正统或主流的行为预期。根据 Scott（2001）对制度扩散过程的演绎，这些制度压力将促使企业采取相应的企业社会责任行为，来赢得合法性认同。

根据合法性机制的三个类型，规制机制的主体主要是各级政府，规范机制的压力来源主要是对企业经营有影响力的利益相关者，文化认知的压力则源自相关联企业，这些都可以视为首要利益相关者。采取相应的企业社会责任行为则获得合法性认同，反之则会丧失合法性认同，并可能面临严重的损失和制裁。在这个过程中，制度压力起到了较强的调节作用，制度环境所赋予的制度压力将增强技术性企业社会责任对组织合法性认同的影响，场域中给予组织的压力越大，组织采取相应的企业社会责任行为就越能获得利益相关者对组织的合法性认同。因此，我们提出两个假设H1和H2：

H1：技术性企业社会责任和组织合法性认同之间存在显著正向影响。

H1a：当企业履行技术性企业社会责任时，组织将获得合法性认同；

H1b：当企业不履行技术性企业社会责任时，组织将丧失合法性认同。

H2：制度压力对技术性企业社会责任和组织合法性认同之间的关系起到调节作用。

H2a：制度压力大下，履行技术性企业社会责任对组织合法性认同的正向影响比制度压力小时，履行技术性企业社会责任对组织合法性认同的正向影响更强；

H2b：制度压力大下，不履行技术性企业社会责任对组织合法性认同的负向影响比制度压力小时，不履行技术性企业社会责任对组织合法性认同的负向影响更强。

本节以新制度主义的合法性理论阐释了技术性企业社会责任发挥作用的方式，接下来进一步分析公共性企业社会责任的作用方式。

（二）公共性企业社会责任与感知道德资本的关系以及价值观一致性的调节作用

Fombrun（1996）认为，企业声誉不仅来自对企业财务、产品、创新、品牌的综合评价，其中也包含着对企业道德表现的认知成分。Goffman（1997）则把道德视为企业无形资产的一部分。在这些思想的基础上，Godfrey（2005）提出了感知道德资本的概念，是指利益相关者对企业慈善行为进行评价的结果，它的核心在于感知构建，特别是真诚感的构建。由于次要利益相关者对于企业而言紧迫性不强，对经营活动的影响比较间接，所以他们主张自己利益诉求的能力较弱。在这种情况下，如果企业依旧对其主动履责，那么外界更容易将这种行为视为一种主动的利他行为，相比针对主要利益相关者的履责行为，其观感更加真诚，更具有自我牺牲性，因此，针对次要利益相关者的履责行为有利于帮助企业积累道德资本。Godfrey等（2009）进一步明确指出，感知道德资本只能来自针对次要利益相关者的公共性企业社会责任，而技术性企业社会责任则不能积累感知道德资本。另外，Godfrey（2005）认为，感知道德的形成受到价值观一致性的调节。但该研究没有对以上变量关系进行实证检验。因此，结合我们的研究目的，对其稍加发展，分别提出假设 H3 和 H4：

H3：公共性企业社会责任和感知道德资本之间具有显著的正向影响。

H4：价值观一致性对公共性企业社会责任和感知道德资本之间的关系起到调节作用。

H4a：当公共性企业社会责任与利益相关者的价值观相一致时，公共性企业社会责任对感知道德资本具有更强的正向影响；

H4b：当公共性企业社会责任与利益相关者的价值观相背离时，公共性企业社会责任对感知道德资本具有更强的负向影响；

H4c：当公共性企业社会责任与利益相关者的价值观一致性趋于中性时，公共性企业社会责任对感知道德资本没有显著影响。

基于以上分析，回望迪士尼重制上映的电影《美人鱼》，将主角定为黑人演员的这一出乎意料的行为，它所带来的影响是什么呢？根据以上推断的 4 个假设可知，这一角色选择，是迪士尼对包括消费者在内的广泛公众主体所存在的反种族歧视诉求的一种主动履责行为，它履责的对象是首要利益相关者，它所赢得的不是道德资产，而是合法性认同。而主动为郑州大水豪捐 5000 万元的鸿星尔克，其知名度不高，企业经营状况不佳，广大消费者、政府、行业协会等利益相关者对其并无捐款期待，这一履责行为，是主动对郑州受灾群众（次要利益相关者）履责，最终使其赢得民心无数，这就是道德资本。

了解了三个知识基础，下一节将详细阐释企业主动履责而感知伪善的管理谬误，并提出企业道德名声的“双因素”理论。

第二节　企业履责次序的谬误分析和企业道德名声的“双因素”理论

根据前文的分析可知，针对不同的利益相关者，企业有不同的企业社会责任行为，而不同的企业社会责任行为将带来不同的行为影响。简单来说，技术性企业社会责任将导致合法性认同，公共性企业社会责任将导致感知道德资本。而现实中，企业履行社会责任往往具有多种内容和形式，由于缺乏主动意识，某种企业社会责任活动的发起往往遵从外界压力，或者模仿同行，从而可能在无意识中间接导致了对这两类行为的不同侧重，甚至有所偏废，最终导致公众的负面看法。接下来讨论这两类企业社会责任行为的不同组合所产生的不同影响。

一、企业主动履责而感知伪善的管理谬误

首先要明确的是，合法性认同会在正负两个方向上变化，而感知道德资本只在正向上变化。即企业可能获得合法性认同，也可能失去合法性认同。失去合法性认同，将导致公众的负面态度。比如，迪士尼单方面放弃和好莱坞大明星约翰尼·德普（Johnny Depp）在《加勒比海盗6：神鬼奇航》中的合作。加勒比海盗是迪士尼最成功的系列电影之一，德普塑造了影史经典形象——杰克船长。迪士尼这一举动可谓自断其臂，正是为了避免丧失公众对其的合法性认同，造成更大损失，从而做出的无奈之举。不同于合法性认同，感知道德资本只会正向变化，也就是有道德资本，或者没有道德资本。即使没有道德资本，也不导致公众的负面态度。

明确了这一点后，分析可知，企业的两类履责行为会带来四种情况。情况一：如果企业只履行技术性企业社会责任而不履行公共性企业社会责任（“有无组合”），则企业获得合法性认同；情况二：如果企业既履行技术性企业社会责任，又履行公共性企业社会责任（“有有组合”），则企业将同时获得合法性认同和感知道德资本；情况三：企业不履行任何企业社会责任（“无无组合”），则企业丧失合法性认同；情况四，如果企业不履行技术性企业社会责任却履行公共性企业社会责任（“无有组合”），则企业将丧失合法性认同。需要指出的是，在缺乏合法性认同的前提下，感知道德资本将无从积累。换一种通俗的表达，即企业履行社会责任行为就像书写数字10，技术性企业社会责任构建前面的1，公共性企业社会责任只能积累1后面的0。企业在不能确保履行技术性企业社会责任的前提下，就去履行公共性企业社会责任（“无有组合”），可能正是感知品牌伪善的原因。我们的分析主要建立在产权理论、企业契约理论和中国社会学研究所提出的差序格局理论上。

从西方利益相关者理论的角度来解释，不同的分类标准都体现了对不

同利益相关者承担责任的优先性差别，而这种优先性差别的本质是由产权关系和契约关系中的不同权利地位和风险关系决定的（Mitchell et al.，1997；Blair，1995）。因此，毫无疑问，首要利益相关者对企业的责任要求应具有优先性。相比次要利益相关者，首要利益相关者拥有剩余价值索取权（产权），并对企业的经营活动承担更多的风险，不优先履行对首要利益相关者的责任，也是不公平、不道德的。同时，这种判断也符合中国人的道德观念。根据费孝通（2007）的观点，中国社会中人与人的关系按高低远近亲疏不同形成差序格局，而道德的履行也遵从这种差序关系，对不同的人施以不同的道德，形成道德治世的完整体系。地位越高，关系越亲近的人，其履行道德的程度和优先级越高。正所谓“百善孝为先”，一个不孝的人，即便兄友弟恭，对朋友有情有义，也不能获得道德名声。因此，相比履行技术性企业社会责任同时履行公共性企业社会责任的情况（“有有组合”），不履行技术性企业社会责任同时履行公共性企业社会责任的情况（“无有组合”），将导致更高的感知品牌伪善。不仅如此，相比履行技术性企业社会责任同时不履行公共性企业社会责任的情况（“有无组合”），不履行技术性企业社会责任同时履行公共性企业社会责任的情况（“无有组合”），将导致更高的感知品牌伪善。更有甚者，相比不履行技术性企业社会责任同时不履行公共性企业社会责任的情况（“无无组合”），不履行技术性企业社会责任同时履行公共性企业社会责任的情况（“无有组合”），将导致更高的感知品牌伪善。因此得到以下假设：

H5a：相比履行技术性企业社会责任同时履行公共性企业社会责任，不履行技术性企业社会责任同时履行公共性企业社会责任，将导致更高的感知品牌伪善；

H5b：相比履行技术性企业社会责任同时不履行公共性企业社会责任，不履行技术性企业社会责任同时履行公共性企业社会责任，将导致更高的感知品牌伪善；

H5c：相比不履行技术性企业社会责任同时不履行公共性企业社会责任，不履行技术性企业社会责任同时履行公共性企业社会责任，将导致更高的感知品牌伪善。

二、企业道德名声的“双因素”理论

如果单就道德名声问题而言，可以借鉴企业管理领域著名的“满意”

的双因素理论来理解两类企业社会责任的差别和交互作用。双因素理论认为，“满意”不只在“满意”和“不满意”两个水平上变化，而是在“满意”“没有满意”“没有不满意”“不满意”四个水平上变化。比如，发不发工资只会让员工在“不满意”和“没有不满意”两个水平上变化，是一个保健因素，而是否让员工去度假则会让员工在“没有满意”和“满意”两个水平上变化，是一个激励因素。类似地，技术性企业社会责任可以视为公众对品牌道德与否评价的一个保健因素（图 3-1）。具体而言，技术性企业社会责任只是企业品牌获取道德名声的前提条件，即便履行技术性企业社会责任，也并不会让公众认为该品牌“道德”（只有公共性企业社会责任才可以赢得道德资本），而只会让公众认为该品牌“没有不道德”（合法性认同），但是不履行技术性企业社会责任，却会被认为是“不道德”（丧失合法性认同），因为那是一种具有强制性、半强制性的伦理义务。

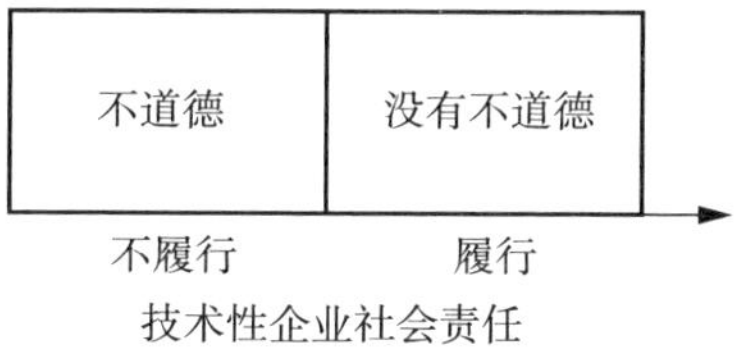

图 3-1　技术性企业社会责任的保健作用

公共性企业社会责任则是一个激励因素（图 3-2），具有自愿性质，不履行公共性企业社会责任，只会让公众认为企业“没有道德”，也就是不积累道德资本，但不会认为它“不道德”，但如果履行了公共性企业社会责任，则会获得“道德”的评价。

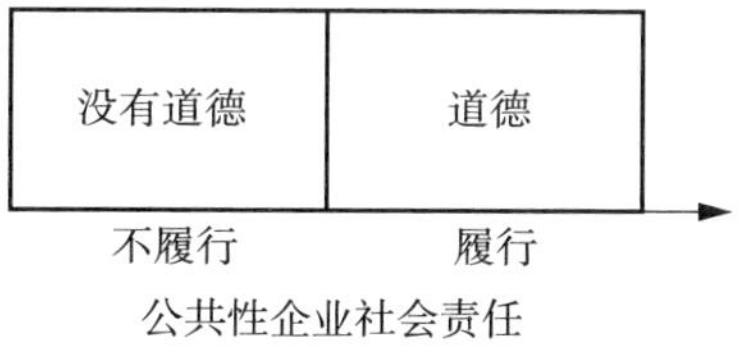

图 3-2　公共性企业社会责任的激励作用

两者相组合后，由于激励因素生效的前提是具有保健因素，如果不发工资就送员工去度假，还是不会提高员工满意度。所以，如果不履行技术性企业社会责任就去履行公共性企业社会责任（“无有组合”），则会被视为伪善，而只有两者都履行（“有有组合”），才会获得道德资本。因此，履行公共性企业社会责任获得道德资本的前提条件，其实是公众下意识假定企业已经履行了技术性企业社会责任。因此，仅从公共性企业社会责任行为上看，公众无法判断一个企业究竟是道德的还是伪善的。这也是伪善存在的经济基础——节约了技术性企业社会责任的成本。所以，Batson 等（2006）将伪善视为一种实用主义的商业策略。但这其中有一个风险，就是当今的大众传媒以及日益强大的各类自媒体，会不会爆出关于企业事实上未履行技术性企业社会责任的相关信息？而这一风险在当今信息失控的媒介环境下已经越来越难以防范。

综上所述，两类社会责任的组合，可能形成的评价结果如图 3－3 所示。

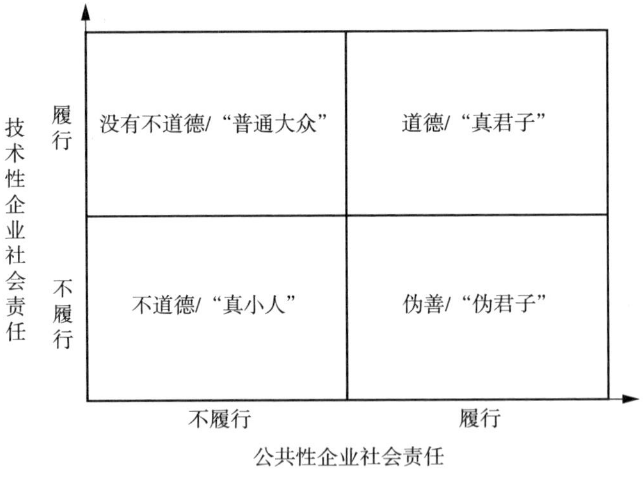

图 3-3　企业道德名声的“双因素”理论

经过上述分析，本书已经揭开了企业履责而招致伪善的管理谬误，但是，主动宣传和伪善的关系尚未得到解答。本章将继续探讨主动宣传在其中发挥的作用。

第三节　企业履责宣传的谬误分析

很多业内人士和学术界专家认为，主动宣传企业的履责行为，是导致伪善感知的重要原因。比如，Fassin 等（2011）的研究发现，企业社会责任宣传水平和执行水平差异度越大，虚伪指数越高。王静一等（2014）在分析感知伪善的成分时指出，如果企业履行了社会责任，同时高调进行宣传，也可能导致公众对企业别有用心的负面判断。

这其实是只知其一，不知其二。正如前文提到的三个质疑，宣传是企业社会责任的分内之事，不宣传不符合企业履行社会责任的合法性诉求，很多企业宣传了其履责行为也没有招致伪善感知。那么，为什么主动宣传可能导致伪善感知呢？如果简单地理解为，主动宣传就会导致伪善感知，不主动宣传就不会招致伪善感知，这种两极化的观点无疑是片面的。正确的答案不应该局限于是否主动宣传的两个端点，而应落在如何主动宣传的广阔空间中。接下来，本书继续以企业社会责任的类型理论，结合信息框架理论，分析错误的宣传策略将如何导致伪善感知问题，从而帮助企业规避宣传陷阱。

一、技术性企业社会责任和道德性宣传框架的错配

La Cour 等（2011）的调查显示，42%的企业在向公众报告自己的企业社会责任行为时使用了"博爱"（Philanthropy），40%的企业使用了"关怀"（Care），46%的企业使用了"给予"（Giving），6%的企业使用了"爱"（Love）等词汇。与此同时，还有一些企业更偏向于使用"责任"（Duty）、"承诺"（Commitment）、"义务"（Obligation）等词汇来报告自己的企业社会责任行为。

根据信息框架理论（Framing Theory），人们理解信息时，会受到信息框架的影响。也就是说，叙事和叙事模式所内嵌的事件和主题的解释结构，会影响人们对事情的理解。对同一件事以不同的信息框架来描述，可能导致听者对问题的定义、原因、道德评估和意义构建等方面产生完全不同的结果。因此，信息的框架会影响人们对信息进行处理的认知结构和解释模式。而这种解释模式会遵循经验法则，来减少认知努力。将信息框架理论联系到企业社会责任宣传问题；可见使用"博爱""关怀"等词汇进行宣传的企业，和使用"承诺""责任"等词汇进行宣传的企业，实际上使用了两套不同的信息框架来描述自己的企业社会责任行为，可以命名为"合法性宣传"和"道德性宣传"。这两类不同的信息框架，实质上隐含了

企业宣传的两种不同的目的诉求——合法性认同和感知道德资本，而这种目的诉求不一定来自企业的清醒自觉，它可能只是一种模糊的感觉经验，甚至只是简单模仿了其他同行业企业的做法。这种无意识的做法，很可能导致企业社会责任行为和宣传信息框架的错配——名不副实。

如前所述，技术性企业社会责任将导致合法性认同，但并不产生感知道德资本。如果企业进行的是赢得合法性认同的技术性企业社会责任，却在宣传时大量采用了谋求道德名声的“道德性宣传”信息框架，可能正是弄巧成拙而导致感知伪善的又一原因。Wagner 等（2009）指出，企业言行的“不一致信息”是感知伪善的原因。这种“名不副实”的错配，很可能是企业社会责任的又一管理谬误。所以，很明显，如果这些行为是技术性企业社会责任，相比那些道德性词汇力求塑造一个“心怀天下”“仁人君子”的形象，从公众的角度而言，无疑“责任”（Duty）、“承诺”（Commitment）、“义务”（Obligation）等词汇更恰如其分。因此提出假设 H6：

H6：企业社会责任类型和企业宣传的企业社会责任信息不一致，将对感知品牌伪善产生显著正向影响。

H6a：相比履行技术性企业社会责任和公共性企业社会责任（“有有组合”）同时使用合法性宣传的信息框架，只履行技术性企业社会责任（“有无组合”）同时使用道德性宣传的信息框架的情况，后者将导致更高的感知品牌伪善；

H6b：相比履行技术性企业社会责任和公共性企业社会责任（“有有组合”）同时使用道德性宣传的信息框架，只履行技术性企业社会责任（“有无组合”）同时使用道德性宣传的信息框架的情况，后者将导致更高的感知品牌伪善。

二、“道德性宣传”信息框架的采纳

本书认为，即便企业既履行了技术性企业社会责任，又履行了公共性企业社会责任（“有有组合”），企业以“道德性宣传”的信息框架进行企业社会责任的报告，虽然言行的性质相符，但这一信息框架的选择，依旧会暴露其谋求道德名声的目的诉求。根据信息框架理论可知，对于同一件事，叙事者完全可以自由选择不同的信息框架，而具体选择哪一个，往往和叙事者在信息框架中试图让听者采纳的解释模式有关。无论企业采取的是哪一种企业社会责任行为，选择“道德性宣传”的信息框架，都能让观者体会到宣传者渴望外界从道德角度来认知这一企业社会责任行为的用心。因此，规避“道德性宣传”的信息框架是十分必要的。虽然企业完成了两类履责行为，却采用“合法性宣传”的信息框架，是一种“低就”，但可以避免“沽名钓誉”的不良观感。而且，根据一般的社会交往经验，人们克制而谦虚地谈论自己的行为，会显得更“真诚”。而感知道德资本得以积累的关键，就是企业履责行为的“真诚感”。因此，如果企业履行了技术性企业社会责任和公共性企业社会责任，那么，只采用“合法性宣传”的信息框架，相比履行技术性企业社会责任和共同性企业社会责任，同时使用了“道德性宣传”的信息框架，后者会导致较高的感知伪善。

继续提出假设 H6c：

H6c：相比履行技术性企业社会责任和公共性企业社会责任（“有有组合”）同时进行合法性宣传，履行技术性企业社会责任和公共性企业社会责任（“有有组合”）同时进行道德性宣传将导致更高的感知品牌伪善。

我们并没有继续对只履行公共性企业社会责任同时进行“合法性宣传”的信息框架的情况再进行讨论，原因是，公众往往无法分辨企业是否在履行道德性企业社会责任的同时已经履行了技术性企业社会责任，因为这两者一个作为伦理义务，一个发自道德自觉，理应在履行上具有先后次序。如前所述，公众会下意识假定企业若进行公共性企业社会责任，那么它理应已经履行了技术性企业社会责任，除非企业被曝光并未履行技术性企业社会责任。所以，只履行公共性企业社会责任同时采用“合法性宣传”的信息框架的情况不再单独讨论。

最后，当企业被感知伪善，会带来严重后果。Wagner 等（2009）已经验证了企业社会责任感知伪善对企业态度的负面影响，而且检验了感知企业伪善对不一致信息和企业态度之间的中介作用。Janney 等（2011）进一步指出，这种负面态度甚至会招致对企业的严厉惩罚，如污名化和联合抵制等。因此，从品牌的角度，我们提出假设 H7：

H7：感知品牌伪善对品牌态度具有显著的负向影响。

根据以上分析，本章最终的模型框架如图 3-4 所示。

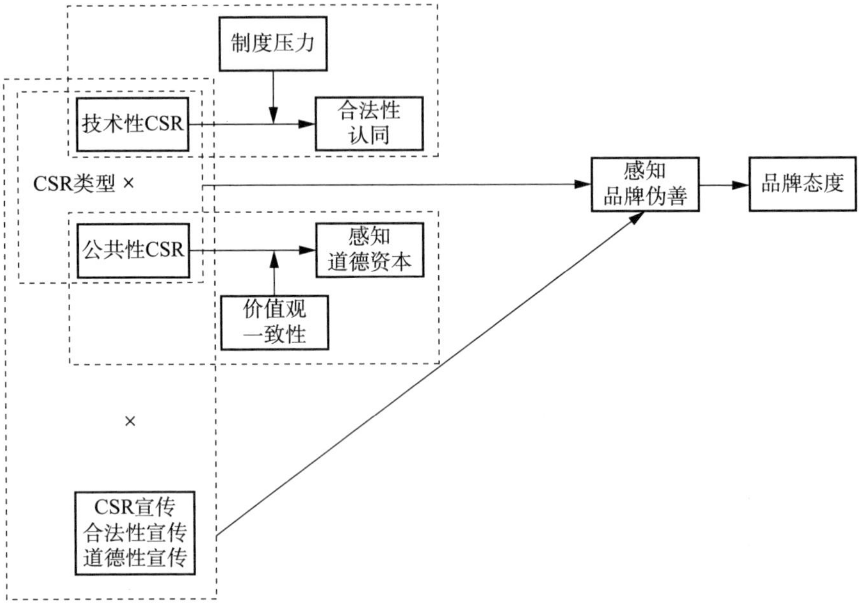

图 3-4　企业社会责任类型、企业社会责任宣传和感知伪善的关系模型

本章小结

本章试图回答一个企业真实面对的严峻问题，即为何某些企业履行社会责任，甚至耗费了巨大的企业资源，最后却被公众感知品牌伪善？这和那些真正伪善的情况不同，不但会极大地挫伤真正履责企业履行社会责任的热情，而且单个企业的感知品牌伪善问题具有向行业乃至社会负面溢出的效应，传播的是更广泛的不信任，所以这一问题的解决，将具有经济和社会的双重影响。

道德伪善和组织伪善的相关研究都从行为主体展开研究，无论是主动伪善还是迫不得已，都是真正的伪善。部分企业真正耗费了资源，并不存在主观上的伪善，却依旧被"感知"伪善。与我们的研究最为接近的领域是同样从认知心理学角度展开研究的企业伪善领域。但企业伪善提出的把企业等同于个人伪善的言行不一的分析框架，并不能充分反映企业履行社会责任的复杂性。单维化企业社会责任行为的做法已经受到学术界批评。企业社会责任理论本身就建立在利益相关者理论基础上，不同利益相关者才是不同企业社会责任行为的对象和最终评价者，不应抛开利益相关者理论探讨企业社会责任问题。因此，本书加入利益相关者视角，充分体现出企业社会责任立足于利益相关者理论的意识形态基础，为感知品牌伪善问题提供了一个新的、更为本质的研究视角。

基于利益相关者、企业社会责任类型及行为机制等相关理论成果，本书提出了针对两类利益相关者所形成的两类企业社会责任行为，即基于首要利益相关者的技术性企业社会责任和基于次要利益相关者的公共性企业社会责任。同时根据理论推演大胆假设，感知品牌伪善的本质原因是，技术性企业社会责任和公共性企业社会责任之间交互作用的结果，即当企业只履行公共性企业社会责任而没有履行技术性企业社会责任时（“无有组合”），将导致感知品牌伪善。本书对其解释机制也进行了探讨，技术性企业社会责任仅提供合法性认同，只有公共性企业社会责任才能积累感知道德资产，但是道德资产的积累必须以合法性认同作为基础。如果品牌企业缺乏合法性认同作为基础——不履行技术性企业社会责任，却妄图构筑感知道德资产——履行公共性企业社会责任，结果将适得其反，使企业落得“伪善”名声，即感知品牌伪善。换言之，技术性企业社会责任和公共性企业社会责任是企业积累道德资产的双因素，其中技术性企业社会责任是保健因素，公共性企业社会责任是激励因素。当然，这一理论边界受到两个重要调节变量的限制。技术性企业社会责任对合法性认同的影响受到制度压力的调节，而公共性企业社会责任对感知道德资产的影响受到价值观一致性的调节。即当社会的正式和非正式制度压力大时，企业越需要履行技术性企业社会责任来获取合法性认同，而履行公共性企业社会责任来积累道德资产，必须和公众的价值观保持一致。

在利益相关者视角基础上，本书又融合了个体伪善问题的突出表现形式——言行不一的分析框架，进一步提出感知品牌伪善的第二个原因，即感知品牌伪善是两类企业社会责任和宣传所采用的信息框架类型的交互作用的结果——只履行技术性企业社会责任同时采用“道德性宣传”的信息框架将导致更高程度的感知品牌伪善。“道德性宣传”信息框架的选择，要么导致“言不副实”，要么暴露其谋求道德名声的用心，这也可能是感知伪善的原因。

简而言之，企业履行社会责任却带来感知品牌伪善的根本原因是，企业的管理者没有认知到企业社会责任所欲达成的对不同利益相关者关系进行差异化管理的根本诉求。不同的利益相关者对应不同的社会责任类型，带来不同的行为结果。错配企业社会责任类型的结果是，不但无法提升企业品牌形象，反而会招致“伪善”名声。而企业社会责任宣传所采用的信息框架类型同样在其中产生了重要影响。本书的研究成果是对企业社会责任理论和企业伪善理论的重要补充，将为企业正确履行社会责任和进行利益相关者关系管理提供重要的理论指引。

第四章
企业社会责任的“积善成德”之道

前两章主要解析了企业履责过程中的道德困境，指出企业社会责任的管理谬误，未求胜，先求不败。从本章开始，本书正式转向企业社会责任制胜之道的理论探讨、实践经验和学术论证（非学术需要的读者可忽略学术论证部分内容）。本章基于第三章的三个知识——企业社会责任概念、企业社会责任分类理论、企业社会责任两种分类的不同作用方式，侧重探讨企业如何通过履行社会责任来积累道德名声，并完整描绘其作用机制（中介变量）和影响因素（调节变量），帮助企业正确地开展企业社会责任管理工作。

第一节　企业社会责任类型和感知道德资本的关系

一、感知道德资本的价值

企业社会责任和其所欲积累的感知道德资本，究竟会对企业发挥何种作用？如何发挥作用？如果企业管理者的主要目标是提高企业的经营绩效，那么通过企业社会责任来获得感知道德资本，是实现其目标的一个有效而可行的手段吗？

一些有洞察力的学者很早就指出，企业社会责任不仅是一种伦理形态的需要，也是当今市场经济的一种方式（Tian et al.，2011；Marín et al.，

2016；Lee et al.，2019）。近年来，越来越多的企业意识到了企业社会责任的重要性（江旭和马永远，2018），愿意将企业社会责任与长期的企业战略相结合，以维持或提升长期的市场绩效（Mahoney and Thorne，2005；毛蕴诗和王婧，2019）。

企业社会责任是否能真正提升企业绩效，在实证领域也存在着不同的结论。有的观点认为企业社会责任对企业财务绩效会产生正向影响（Waddock，1997）；而有的观点则发现企业社会责任与企业财务绩效并没有关系（Cowen et al.，1987），甚至还会对企业财务绩效产生负面影响（Lerner and Fryxell，1988）。对于这些不同的观点，Godfrey（2005）通过分析后认为，虽然企业社会责任不能直接影响企业财务绩效，但在负面事件发生时，通过企业社会责任所积累的感知道德资本，会对股东资产产生保护和缓冲的作用。基于此观点，感知道德资本是企业社会责任能否正向影响企业财务绩效的关键变量，因此在消费者视角下对企业社会责任和消费者感知道德资本关系的研究就显得非常重要。

二、共同性企业社会责任和感知道德资本的关系

从消费者视角来看，目前研究大多集中在探讨 CSR 对品牌态度（Sánchez，2018）、消费者忠诚和企业认同（Homburg et al.，2013；Fatma et al.，2013）、购买意愿（Öberseder et al.，2014）、消费者怀疑（Gruber et al.，2017）等的影响。虽然这些研究加深了学术界对企业社会责任的理解，但这些研究大都将企业社会责任作为单维概念，并没有清晰地指出企业社会责任和感知道德资本之间的关系。是否所有的企业社会责任都可以积累消费者感知道德资本？企业履行哪种社会责任才可以更好地积累消费者感知道德资本？这一积累过程的作用机制是什么？是否存在边界条件？

为了回答上述重要的研究问题，本书追溯至企业社会责任研究初期。根据利益相关者理论，本章将企业社会责任划分为技术性企业社会责任和公共性企业社会责任（Mattingly and Berman，2006；Godfrey et al.，2009），详细探讨企业社会责任对消费者感知道德资本的影响过程（鉴于第三章已经较为详细解析过公共性企业社会责任和感知道德资本的关系，本章将简略论证过程）。

Mattingly 和 Berman（2006）根据利益相关者的不同，将企业社会责任

划分为公共性企业社会责任和技术性企业社会责任。Godfrey 等（2009）认为技术性企业社会责任是企业对首要利益相关者履行的企业社会责任，比如为员工提高福利、改善工作环境等，其能够为企业带来某种潜在竞争优势，因此公众更容易将技术性企业社会责任感知为企业自利行为。而公共性企业社会责任是企业为次要利益相关者履行的企业社会责任行为，如捐资助学、倡导绿色环保等，因为这些行为对企业的经营活动缺乏影响力，所以公众更容易将这种企业社会责任感知为企业主动利他行为。

企业声誉不仅来源于对企业财务、创新、品牌、产品的总体评价，而且包含对企业道德表现方面的认知（Fombrun，1996；骆紫薇等，2017）。Godfrey 等（2009）认为，感知道德资本是利益相关者对企业慈善行为进行评价后所导致的结果。消费者感知道德资本，是指消费者利用自己的善恶观念对企业社会责任行为作出评价后所产生的结果。当企业声誉良好时，企业从事与其商业活动高度相关的企业社会责任会使企业受益（Sen and Bhattacharya，2001）；反之，如果企业拥有不良的声誉，企业履行与其商业活动高度相关的企业社会责任可能会出现负面效果（Shim and Yang，2016）。当负面事件发生时，公共性企业社会责任所产生的道德资本能够降低负面事件对企业的消极影响，间接地保护企业的经济价值和股东的利益（Godfrey，2005；Shim and Yang，2016）。因为次要利益相关者不能直接影响企业的盈利能力，所以企业向次要利益相关者履行的社会责任更容易被消费者感知为一种利他行为，进而提高消费者感知道德资本。Godfrey 等（2009）也提出对次要利益相关者履行的公共性企业社会责任才能影响感知道德资本，而技术性企业社会责任则不能积累感知道德资本。因此，本章提出如下假设：

H1：公共性企业社会责任能够正向影响消费者感知道德资本。

第二节　利他性归因的判定过程和消费者的伦理期望

公共性企业社会责任会帮助企业积累感知道德资本，这个过程是如何发生的呢？其背后的心理过程是怎样的？此部分，我们将引入归因理论进行分析阐释。

一、归因理论

归因是人类的一种认识方式，它源于人类对外部环境稳定可控的基本心理需要。凭借归因这一认知方式，人类可以对外部环境的各种变化进行充分的合理化，从而获得环境可控的心理安全感。Lonner（1980）研究发现，人类多个文化体都普遍存在五大共同信念，其中包括天道酬勤（Reward for Application）、神明在上（Spirituality）、命运天定（Fate Control）等。这些共同信念，正是基于环境可控的心理需要而对外部复杂性进行的合理化过程，也就是归因。在这种人类认知共性——归因的影响下，即便身处不同文化体，人们也不约而同地出现了把自己的前途命运寄托于诸如“好人有好报”“上帝保佑”之类的信念的相似现象，来获得虚假的控制感，得到慰藉，恢复心灵的平静。

二、利他性归因的中介作用

那么，归因如何在企业社会责任和感知道德资本之间发生作用呢？归因理论认为，个体会对他人的行为、外部的事物做出自主的、有目的的归因（Becker-Olsen et al.，2006；Lange and Washburn，2010），从而理解他人的行为、事物的变化。由于消费者对企业缺乏足够的信任，当企业通过企业社会责任来表明“良好的组织公民身份”时，消费者可能会对企业社会责任行为进行归因（Marín et al.，2016）。而对企业社会责任利他性归因的程度又会影响到消费者对企业社会责任和企业的回应（Sánchez，2018；Mantovani et al.，2017；吴华等，2018）。如果消费者将企业的社会责任行为归因于自利动机，其会对企业表现出消极的态度（Mantovani et al.，2017）。但如果消费者认为企业的社会责任行为是由于其对社会的付出和关心，则其将会对企业显示出积极的态度（Sánchez，2018）。企业向首要利益相关者履行的企业社会责任，即技术性企业社会责任更可能被公众感知为基本义务，而对次要利益相关者履行的企业社会责任，即公共性企业社会责任更容易被公众感知为主动利他行为（Godfrey et al.，2009）。Groening 和 Kanuri（2018）在研究投资者对公司社会责任新闻的反应如何影响公司价值时指出：当企业履行公共性企业社会责任时，投资者会认为这是一种利他行为，从而会建立道德资本。

本书将偏向于将社会利益的公共性企业社会责任定义为高公共性企业社会责任，而偏向于将企业利益的公共性企业社会责任定义为低公共性企业社会责任。在对企业缺乏信任的情境下，本书认为消费者可能会对企业履行公共性企业社会责任的行为进行归因。如果企业履行高水平的公共性企业社会责任，则可能会提高消费者对企业的利他性归因，从而提高消费者的感知道德资本；但是，若企业履行低水平的公共性企业社会责任，该行为可能会降低消费者对企业的利他性归因，进而降低消费者的感知道德资本。

综上所述，相比低水平的公共性企业社会责任，高水平的公共性企业社会责任由于更偏重社会利益而不是企业利益，所以该行为会获得消费者更高的利他性归因，从而帮助企业积累更多的感知道德资本。因此，本章提出如下假设：

H2：公共性企业社会责任会通过正向影响利他性归因，从而正向影响消费者的感知道德资本。

第三节 企业履责宣传的信息框架效应

如果企业社会责任的实施策略或者信息呈现方式不恰当，此时消费者很可能会怀疑企业履行社会责任的动机，从而感知企业伪善（Wagner et al.，2009）。基于对企业社会责任实践的观察，本书发现企业履行社会责任时存在宣传不匹配的现象。因此，本书提出企业宣传信息框架这一调节变量。

一、信息框架理论

框架（Frame）指的是有关问题的表征形式，框架效应（Framing effect）是指同一信息的不同表征会导致不同决策效果的现象（Tversky and Kahneman，1981）。信息框架常常作为营销沟通的一种策略，比如在研究消费者产品选择时，金立印等（2009）引入了框架效应，提出按照呈现方式或定制方案可以将框架划分为“加法”及“减法”两种类型。企业社会责任宣传策略包含经济利益和道德两条逻辑，它们之间的不一致是企业进行企业社会责任所面对的巨大障碍（Fassin and Buelens，2011）。

二、企业社会责任宣传的两类信息框架

Fassin 和 Buelens（2011）认为，若企业社会责任宣传水平越高于执行水平，则虚伪指数越高。Cour 和 Kromann（2011）研究表明，许多企业在对自身的企业社会责任进行宣传时，采用了“关怀”“给予”“爱”等词语；但从公众的视角来看，企业采用“责任”“承诺”“义务”等词语会更恰当。基于 Cour 和 Kromann（2011）的研究，本书创造性地将企业社会责任宣传信息框架细分为合法性宣传和道德性宣传。合法性宣传的重点在于表明企业将开展企业社会责任活动视为一种行为规范，认为企业社会责任是企业应当承担的责任，如企业采用“责任”“承诺”“义务”等词语进行企业社会责任宣传；道德性宣传则表明企业将开展企业社会责任活动视为一种超越规制的奉献行为，如企业采用“关怀”“给予”“爱”等词语进行企业社会责任宣传。

当企业采取道德性宣传时，相比高水平的公共性企业社会责任，企业履行低水平的公共性企业社会责任更容易引发消费者的“不满意”和对动机的怀疑，进而不利于消费者感知道德资本的积累；相反，若企业采取合法性宣传，无论何种水平的公共性企业社会责任，消费者都会对道德资本积累有较高感知。据此提出如下假设：

H3：企业宣传信息框架调节了公共性企业社会责任和消费者感知道德资本之间的关系。

H3a：当宣传信息框架为合法性宣传时，相比低公共性企业社会责任，企业履行高公共性企业社会责任所获得的消费者感知道德资本没有显著差异；

H3b：当宣传信息框架为道德性宣传时，相比低公共性企业社会责任，企业履行高公共性企业社会责任能够获得更多的消费者感知道德资本。

基于上述文献回顾和研究假设，本书系统地构建了研究模型，如图 4-1 所示。

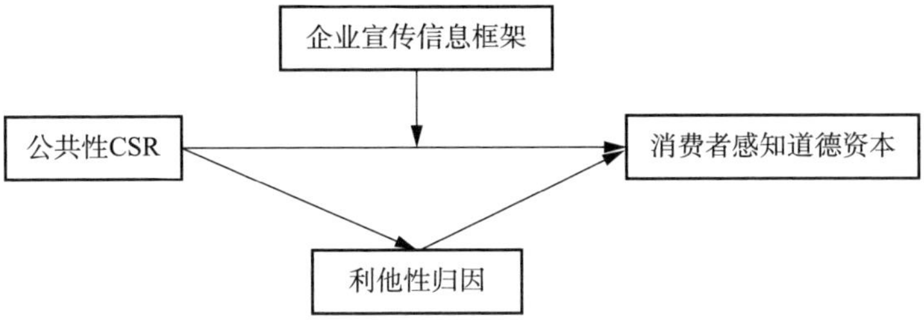

图 4-1 公共性企业社会责任和感知道德资本的关系研究模型

第四节 公共性企业社会责任和感知道德资本关系模型的实证研究

一、预研究

（一）研究目的与设计

为了检验公共性企业社会责任影响消费者感知道德资本这一现象是否真实存在，以新浪官方微博“小米公司”发布的微博内容和消费者评论作为研究的数据来源。本书选取“小米公司”新浪微博为研究对象的主要原因是小米为典型的互联网企业，且手机为高卷入度产品，消费者与小米公司官方微博的互动较为频繁。

另外，选取同一家企业发布的内容进行分析是为了避免品牌的知名度、声誉、产品质量等干扰变量对研究结果的影响。

（二）研究过程

本书分为公共性企业社会责任组、技术性企业社会责任组、控制组三组不同的情境，共爬取了小米公司 33 条官方微博的内容及其消费者评论，其中有 11 条微博内容涉及小米公司进行的公共性企业社会责任活动，如小米公司向海淀区小学捐赠小米空气净化器的公益项目、为藏区儿童购置图书等；有 11 条微博内容涉及小米公司进行的技术性企业社会责任活动，如小米公司优先解决员工租房问题、升级全国售后服务等；有 11 条微博内容不涉及任何企业社会责任的信息，如小米与宜家达成战略合作、小米公司开发者大会开幕等。通过网络爬虫技术，共获取了 11995 条在线评论，其中公共性企业社会责任组有 4397 条，技术性企业社会责任组有 4293 条，控制组有 3305 条。

（三）数据分析与结果讨论

为了分析消费者评论是否体现出企业道德，本书对所获取的评论内容进行了文本分析。首先，根据“道德”“良心”“爱心”“公益”“善”“责任”“好事”等能够体现出消费者感知道德资本的词汇对 11995 条评论进行检索。其次，根据评论是否体现了消费者感知道德资本，即消费者是否用善恶观念对企业开展社会责任活动进行评判这一原则对所获得的评论进行分析。最后，体现出消费者感知道德资本的评论数量在公共性企业社会责任组、技术性企业社会责任组、控制组分别为 237 条、6 条、2 条。体现出消费者感知道德资本的评论的具体内容如“满满都是良心的国民品牌!”“爱心企业”“小米在做好的产品同时，不忘公益事业，为小米点赞”等。

本书进行了逻辑回归。首先，本书将评论是否体现了消费者感知道德资本作为因变量，公共性企业社会责任组和控制组作为自变量进行逻辑回归。结果显示：自变量对因变量的影响显著，$\chi^2(1)=40.91$，$p<0.001$。相比控制组，在公共性企业社会责任组评论中体现消费者感知道德资本的比例更高。这一结果表明，公共性企业社会责任可以积累消费者感知道德资本。其次，本书将评论是否体现了消费者感知道德资本作为因变量，将技术性企业社会责任组和控制组作为自变量进行逻辑回归。结果显示：自变量对因变量的影响不显著，$\chi^2(1)=1.052$，$p=0.305>0.05$。相比控制组，在技术性企业社会责任组评论中体现消费者感知道德资本的比例并没有显著差异。这一结果证实了公共性企业社会责任影响消费者感知道德资本这一现象在企业运营中是真实存在的。

二、实验 1

（一）实验目的与设计

实验 1 的目的是检验公共性企业社会责任是否会对消费者感知道德资本产生影响，以及利他性归因是否在这一影响过程中发挥中介作用，即检验 H1 和 H2。80 名在校硕士研究生在教学课堂上参与了此次实验。在剔除没有完整填写的 7 份问卷后，共收回 73 份有效问卷。此次实验为单因素组间设计，所有被试被随机分配到高公共性企业社会责任组或低公共性企业社会责任组。

为了控制企业大小、品牌知名度及熟悉度等无关变量的影响，参照 Alcañiz 等（2010）的研究，本书将背景企业命名为“Brilliant”，并以新闻报道的形式来提高被试对实验材料的感知真实度。提供一篇报纸文章而非传统的材料是由于报纸具有真实性和权威性，被试会更容易认可这些信息（Blanton et al.，2001）。高公共性企业社会责任偏重于社会利益，而低公共性企业社会责任偏重于企业利益。因此，在高公共性企业社会责任组，服装品牌 Brilliant 完全为社会利益进行捐赠，即承诺将在年底一次性捐出 1000 万元善款支持四川当地眼科医疗和培训服务站建设。而在低公共性企业社会责任组，Brilliant 的企业社会责任活动包含着企业利益，即承诺每卖出一件 Brilliant 服装，就捐一元钱以支持四川当地眼科医疗和培训服务站建设，预计可累计善款 1000 万元，并计划在年底一次性全部捐出。

（二）实验过程与变量测量

为隐藏实验目的，在实验正式开始时被试被告知正在进行一项有关企业新闻事件的调查。之后，被试将阅读到有关 Brilliant 进行企业社会责任的新闻报道。另外，被试也被要求对公共性企业社会责任的水平、利他性归因和感知道德资本进行评估。借鉴 Mattingly 和 Berman（2006）的研究，公共性企业社会责任的量表共有 3 个题项，如“Brilliant 积极参与慈善捐助”；利他性归因的测量借鉴 Alcañiz 等（2010）的量表，共 3 个题项，如“Brilliant 开展本次活动是出于对他人的关爱”；在参考 Godfrey 等（2005，2009）的基础上，本书测量感知道德资本的量表包含 5 个题项，如“Brilliant 是善良的”。最后，为了排除其他无关变量的影响，本书也对企业社会责任事件与企业的契合度、消费者对企业社会责任事件的熟悉度、企业社会责任事件的重要性进行了测量。以上所有量表均采用李克特 7 级量表。

（三）实验结果与讨论

本书对公共性企业社会责任、利他性归因、感知道德资本量表进行了信度分析，结果表明，量表的 Cronbach's α 系数分别为 0.750、0.857、

0.782，信度达到要求。独立样本 t 检验结果显示：在高公共性企业社会责任的情境下，被试对公共性企业社会责任的感知较高；而在低公共性企业社会责任的情境下，被试对公共性企业社会责任的感知较低［$M_{高}=5.71$，$SD=0.75$；$M_{低}=5.11$，$SD=0.76$，$t(71)=3.41$，$p<0.01$，Cohen's $d=0.80$］。这表明对公共性企业社会责任的操纵比较成功。另外，通过独立样本 t 检验表明，企业社会责任事件与企业的契合度、消费者对企业社会责任事件的熟悉度、企业社会责任事件的重要性在两组之间并没有显著差异。

通过单因素方差分析表明，公共性企业社会责任会对消费者感知道德资本产生显著影响［$F(1, 71)=13.385$，$p<0.001$，$\eta^2=0.159$］。具体而言，在高公共性企业社会责任的情境下，感知道德资本为 5.40，标准差为 0.64；在低公共性企业社会责任的情境下，感知道德资本为 4.86，标准差为 0.63。上述结果证明了 H1。参考 Zhao 等（2010）的中介效应分析程序，采用 Bootstrap 方法（Preacher and Hayes，2004）检验中介效应。样本量为 5000，在 95%置信区间下，选择 Model 4 对利他性归因的中介效应进行检验。结果显示，利他性归因在公共性企业社会责任与感知道德资本中存在中介效应（$LLCI=-0.7384$，$ULCI=-0.2424$），且中介效应数值为 0.4481，表明利他性归因的中介效应显著，H2 得到验证。

综上，实验 1 验证了 H1 和 H2。结果表明，相比更侧重企业利益的低公共性企业社会责任行为，对于更侧重于社会利益的高公共性企业社会责任行为，消费者的感知道德资本会更高。Klement 和 Urša（2007）在研究中指出，伦理期望会对消费者支持企业社会责任的行为产生正面影响，而经济期望会对消费者支持企业社会责任的行为产生负面影响。那么，通过改变消费者的社会责任期望是否能改变公共性企业社会责任的水平对于利他性归因的影响？本书通过实验 2 操纵消费者社会责任期望以进一步探讨利他性归因的中介作用。

三、实验 2

（一）实验目的与设计

实验 2 的目的是在不同产品类型、不同活动类型、不同品牌名称的情境下重复实验 1 的发现。另外，更重要的是进行调节中介变量的实验设计，从而进一步验证利他性归因的中介效应。

基于大量文献，本书发现消费者社会责任期望对利他性归因这一中介变量具有抑制效应。

消费者对企业所产生的企业社会责任期望显示了企业社会责任的最低水平，其可能会期望企业在实施相关行为时，最低要遵守道德观念和法律规范（Monsen，1972）。消费者会出于其对企业社会责任的期望和社会中所存在的心理契约进而对企业的社会责任行为做出反应。如果利益相关者拥有越高的企业社会责任期望，则其就会越不能忍受某些不履行社会责任的企业（Dawkins and Lewis，2003）。Maignan（2001）研究指出：德国的消费者会更加重视慈善、道德和法律维度的企业社会责任，这些维度的企业社会责任与经济维度的企业社会责任负相关。然而，其在分析美国消费者时发现经济维度与其他维度并没有呈现显著的负相关。Creyer（1997）研究发现，消费者惩罚或者奖励企业行为的程度是企业社会责任的感知重要性与消费者企业社会责任期望的函数。作为重要的利益相关者，消费者对企业行为的抵制或支持会对企业产生十分重要的影响。因此，企业在开展社会责任活动时，也应该密切关注消费者的企业社会责任期望，进而增强消费者对企业社会责任活动的支持。

本书在 Creyer（1997）研究的基础上将消费者社会责任期望划分为经济期望和伦理期望，并认为消费者社会责任期望类型的不同会影响消费者对企业的利他性归因。当消费者具有更多的伦理期望时，如果企业履行更加强调社会利益的公共性企业社会责任，消费者会有更高的利他性归因；如果企业履行强调企业利益的公共性企业社会责任，此时会更容易引起消费者的怀疑，降低其利他性归因。当消费者具有更多的经济期望时，由于消费者更加注重企业的盈利能力，相比低水平的公共性企业社会责任，企业履行高水平的公共性企业社会责任行为反而可能会引起消费者的怀疑，因此高水平的公共性企业社会责任行为对消费者利他性归因的提升没有显著的影响。

本实验采取 2（公共性企业社会责任：高 VS 低）×2（消费者社会责任期望：伦理期望 VS 经济期望）的被试间设计。本实验在教学课堂上发放了相关问卷，共有 150 名在校本科生被随机分配到四种不同的情境中。最后，在剔除没有完整填写的问卷后，共收回 127 份有效问卷。为了实验结果的稳健性，实验2的实验情境更换为饮料品牌Valiantt。在高公共性企业社会责任组，Valiantt完全为社会利益进行捐赠，即承诺在年底向贫困地区小学无条件一次性捐赠3000万元；而在低公共性企业社会责任组，Valiantt的企业社会责任活动包含着企业利益，即承诺每卖出一瓶饮品，就向贫困地区小学捐献一分钱，预计可累计善款3000万元，将在年底一次性全部捐出。在消费者社会责任期望的操纵上借鉴了以往研究对制度压力的操纵（Yiu and Makino，2002；Qu，2007）。

（二）实验过程与变量测量

首先，被试被要求完成一项“议论文写作”任务。在伦理期望组，被试被要求借鉴“社会责任、关爱、竞争力、公共义务、社会福利、道德、资源、盈利、使命”9个词语，表述“企业应该做慈善”的观点；在经济期望组，被试被要求借鉴“经济学、营利性组织、竞争力、利润最大化、盈利、目标、股东、社会责任、资源”9个词语，表述“企业不是做慈善”的观点。为了确保社会责任期望操纵成功，被试需要完成对社会责任期望中的伦理期望量表和经济期望量表（Klement and Urša，2007）的评价。伦理期望量表有3个题项，经济期望量表有3个题项。另外，被试填写的第二份问卷与实验1问卷的内容类似。各个变量及其量表均与实验1相似。

（三）实验结果与讨论

本书对公共性企业社会责任、利他性归因、感知道德资本、经济期望、伦理期望的量表进行了信度分析，结果表明，量表的Cronbach's α系数均高于0.7，信度达到要求。另外，通过独立样本t检验发现：实验对公共性企业社会责任水平的操纵成功［$M_{高}=5.87$，$SD=0.69$；$M_{低}=5.20$，$SD=0.83$，$t(125)=4.97$，$p<0.001$，Cohen's $d=0.88$］。同时，实验对消费者社会责任期望的操纵成功，具体而言，相比经济期望情境，在伦理期望情境下，消费者在伦理期望上的得分更高［$M_{伦理期望情境}=5.84$，$SD=0.87$；$M_{经济期望情境}=4.50$，$SD=0.95$，$t(125)=8.34$，$p<0.001$，Cohen's $d=1.47$］；相比伦理期望情境，在经济期望情境下，消费者在经济期望上的得分更高［$M_{伦理期望情境}=3.18$，$SD=1.00$；$M_{经济期望情境}=5.55$，$SD=0.75$，$t(125)=-15.05$，$p<0.001$，Cohen's $d=2.68$］。

单因素方差分析发现：公共性企业社会责任会对消费者感知道德资本

产生显著影响［$F(1, 125)=20.262$，$p<0.001$，$\eta^2=0.139$］。另外，通过 Bootstrap 方法进行中介效应检验，结果显示，在 95%的置信区间下，利他性归因在公共性企业社会责任与消费者感知道德资本的关系中存在中介效应（$LLCI=-0.4875$，$ULCI=-0.1184$）。这与实验 1 的结果相同，H1 和 H2 再次得到验证。

本书以利他性归因作为因变量，进行了 2（公共性企业社会责任：高 VS 低）×2（消费者社会责任期望：伦理期望 VS 经济期望）的方差分析。分析结果表明：公共性企业社会责任和消费者社会责任期望会对利他性归因产生交互影响［$F(1, 123)=21.173$，$p<0.001$，$\eta^2=0.136$］。之后，简单效应分析显示：在伦理期望的情境下，相比履行低水平的公共性企业社会责任，当履行高水平的公共性企业社会责任时，消费者对企业的利他性归因更高（$M_{高}=5.35$，$SD=0.68$；$M_{低}=4.00$，$SD=1.02$；$p<0.001$，Cohen's $d=1.56$）。然而，在经济期望的情境下，公共性企业社会责任不会对利他性归因产生影响（$M_{高}=4.29$，$SD=1.24$；$M_{低}=4.56$，$SD=0.98$；$p=0.379>0.05$）。具体如图 4-2 所示。

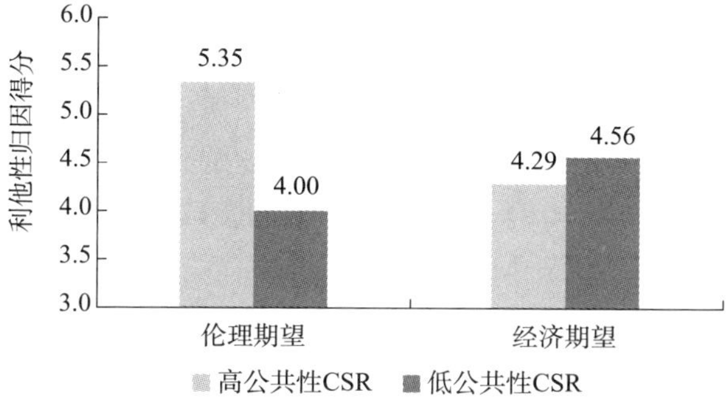

图 4-2 消费者社会责任期望对公共性企业社会责任与利他性归因关系的影响

参考 Zhao 等（2010）的中介效应分析程序，采用 Bootstrap 方法检验中介效应。本书选择 Model 7，样本量为 5000，置信区间为 95%，进行了有调节的中介效应检验。结果表明：置信区间没有包含 0（$LLCI=0.3697$，$ULCI=1.2340$），表明有调节的中介效应存在。在伦理期望的情境下，置信区间（$LLCI=-0.9488$，$ULCI=-0.3850$）没有跨 0，即利他性归因的中介效应显著。在经济期望的情境下，置信区间（$LLCI=-01315$，$ULCI=0.4250$）跨 0，即利他性归因的中介作用不显著。

实验 2 再次验证了 H1 和 H2，增强了实验结果的稳健性。更重要的是，实验 2 采用了调节中介变量的实验设计，利用消费者社会责任期望影响利他性归因，结果表明有调节的中介效应存在。当消费者对企业的期望更多的是伦理期望时，相比高水平的公共性企业社会责任，企业履行低水平的公共性企业社会责任降低了利他性归因。然而，当消费者具有更多的经济期望，公共性企业社会责任不会对消费者利他性归因产生影响。本实验利用调节中介变量的实验设计再次验证了利他性归因的中介作用。

四、实验 3

（一）实验目的与设计

实验 3 旨在检验宣传信息框架是否会调节公共性企业社会责任对消费者感知道德资本的影响过程，即检验假设 3 是否成立。本实验采取 2（公共性企业社会责任：高 VS 低）×2（宣传信息框架：合法性 VS 道德性）的被试间设计。实验 3 对公共性企业社会责任的操纵方式和实验 2 类似。另外，基于 Cour 和 Kromann（2011）的研究，本实验对宣传信息框架进行操纵。在合法性宣传情境下，材料强调 Valiantt 公司始终将企业社会责任视为义不容辞的责任；在道德性宣传情境下，材料强调 Valiantt 公司在企业社会责任方面的无私奉献、无偿给予。本实验通过问卷星平台进行问卷的发放和收集，共有 148 名在校大学生被随机分配到四种不同的情境中。在剔除填写时间没有超过 60 秒的被试后，共收回 141 份有效问卷。

（二）实验过程与变量测量

在实验开始前，被试被告知正在进行一项有关企业新闻事件的调查，需仔细阅读两段新闻报道。被试在仔细阅读完材料一有关“企业进行公共性企业社会责任”的信息且回答完相关问题后，才能进行材料二有关“企业宣传”信息的阅读。为了检验实验对宣传信息框架的操纵是否成功，本书对企业宣传信息框架进行测量，包含“Valiantt 的宣传是恰如其分的”“与它的执行水平相比，Valiantt 的企业社会责任宣传水平并没有夸大其词”“Valiantt 的企业社会责任宣传水平与它的执行水平相当”3 个题项，其余量表均与实验 2 相同。

（三）实验结果与讨论

公共性企业社会责任、利他性归因、感知道德资本、宣传信息框架量表的 Cronbach's α 系数均超过 0.8，信度达到要求。独立样本 t 检验的结果表明：实验对公共性企业社会责任的操纵成功［$M_{高}=5.56$，$SD=0.73$；$M_{低}=5.07$，$SD=0.89$，$t(139)=3.567$，$p<0.001$，Cohen's $d=0.60$］，同时有效地操纵了宣传信息框架［$M_{合法性}=4.79$，$SD=1.00$；$M_{道德性}=3.59$，$SD=1.17$，$t(139)=6.55$，$p<0.001$，Cohen's $d=1.10$］。单因素方差分析发现：公共性企业社会责任会对消费者感知道德资本产生显著影响［$F(1, 139)=17.688$，$p<0.001$，$\eta^2=0.113$］。另外，通过 Bootstrap 方法进行中介效应检验，结果显示，公共性企业社会责任对消费者感知道德资本的影响被利他性归因所中介（$LLCI=-0.4867$，$ULCI=-0.1486$）。这与实验 1 的结果相同，H1 和 H2 再次得到验证。

本书以消费者感知道德资本作为因变量，进行 2（公共性企业社会责任：高 VS 低）×2（宣传信息框架：合法性 VS 道德性）方差分析。这一分析结果表明：公共性企业社会责任和宣传信息框架会对消费者感知道德资本产生显著的交互影响［$F(1, 137)=5.969$，$p=0.016<0.05$，$\eta^2=0.034$］，H3 得到验证。进一步进行简单效应分析发现，在合法性宣传的情境下，公共性企业社会责任水平的高低对消费者感知道德资本没有显著影响（$M_{高}=5.53$，$SD=0.65$；$M_{低}=5.28$，$SD=0.63$，$p=0.185>0.05$）。然而，当企业进行道德性宣传时，相比低水平的公共性企业社会责任，企业履行高水平的公共性企业社会责任，消费者会有更高的感知道德资本（$M_{高}=5.39$，$SD=0.73$；$M_{低}=4.56$，$SD=0.84$，$p<0.001$，Cohen's $d=1.05$）。

实验 3 的结果验证了 H3。当企业进行社会责任宣传时，其采用的宣传信息框架会调节公共性企业社会责任与消费者感知道德资本之间的关系。当企业进行道德性宣传时，相比高水平的公共性企业社会责任，企业履行低水平的公共性企业社会责任更容易招致消费者的不满，进而降低消费者感知道德资本的积累。

五、研究结论和讨论

（一）研究结论

本书围绕企业社会责任与消费者感知道德资本之间的关系问题展开研究。通过三个实验设计，最终得出如下结论：首先，通过预研究验证了公共性企业社会责任正向影响消费者感知道德资本这一效应在企业实践中是真实存在的。其次，利用实验室实验对这一效应进行了更加稳健的检验。基于归因理论，证实了利他性归因会中介公共性企业社会责任对消费者感知道德资本的影响过程。最后，证实了企业宣传信息框架对公共性企业社会责任和消费者感知道德资本之间的关系的调节作用。当企业进行道德性宣传时，相比低水平的公共性企业社会责任，企业履行高水平的公共性企业社会责任能够积累更多的消费者感知道德资本；然而，当企业进行合法性宣传时，公共性企业社会责任的高低不会对消费者感知道德资本产生显著影响。

基于利益相关者理论，本书对企业社会责任如何影响消费者感知道德资本这一问题进行了研究。企业所面临的利益相关者非常复杂且具有差异性，因此本书依据首要利益相关者和次要利益相关者，将企业社会责任划分为技术性企业社会责任和公共性企业社会责任。在此基础上，通过理论推演和三个实验，验证了公共性企业社会责任对消费者感知道德资本的影响过程及其边界条件，从而丰富了企业社会责任的相关研究。

（二）理论意义

第一，本书推动了消费者视角下企业社会责任研究的进一步发展。一方面，Godfrey（2005）指出感知道德资本是企业社会责任能够正向影响企业财务绩效的关键变量。因此，有必要对企业社会责任和消费者感知道德资本之间的关系进行深入探讨。然而，在消费者视角下，几乎没有研究去探讨企业社会责任对消费者感知道德资本的影响。本书促进了消费者视角下企业社会责任作用效果的相关研究。另一方面，消费者视角下有关企业社会责任的大量研究都将企业社会责任单维化，但企业社会责任的概念非常复杂，不能一概而论（Mishra and Modi，2016）。本书针对企业社会责任如何影响消费者感知道德资本这一问题，基于利益相关者理论，将企业社会责任划分为技术性企业社会责任和公共性企业社会责任，并认为不同的企业社会责任类型会对消费者感知道德资本产生不同的影响，从而进一步推动了消费者视角下企业社会责任多维化及企业社会责任理论视角的发展。

第二，本书丰富了企业社会责任宣传信息框架的相关研究。以往的学术研究发现，企业社会责任沟通和宣传的方式会对消费者态度产生不同的影响（Gruber et al.，2017，Fassin and Buelens，2011），重点探讨企业在履行社会责任时言行一致性程度对消费者感知的影响（Wagner et al.，2009）。本书在借鉴 Cour 和 Kromann（2011）的研究的基础上，从宣传性质方面对这一问题进行更加深入的探讨。具体而言，本书将企业宣传信息框架创造性地划分为合法性宣传和道德性宣传，并发现企业宣传信息框架对公共性企业社会责任影响消费者感知道德资本具有调节作用。

（三）管理启示

企业在开展社会责任活动时，如何才能更为有效地积累感知道德资本？本书针对这一重要问题，提出了如下管理启示：

第一，为了积累道德资本进而提高企业财务绩效，企业应该优先选择开展公共性企业社会责任活动。在开展公共性企业社会责任活动时也应尽量保持活动的利他性，进一步提高消费者对企业社会责任活动的利他性归因。企业在开展公共性企业社会责任活动时，如果消费者感知到该行为具有利他性，此时企业会积累较高的消费者感知道德资本。反之，如果企业社会责任活动与企业利益紧密相关，此时该行为更容易引发消费者对企业社会责任行为动机的怀疑，从而不利于消费者感知道德资本的积累。因此，在开展公共性企业社会责任活动时，企业应该注重企业社会责任的利他性质，从而加快消费者感知道德资本的积累。

第二，在开展公共性企业社会责任活动时，合法性宣传可以帮助企业形成良好的形象和声誉；相反，进行过度的道德性宣传，可能会引起消费者对企业社会责任的负面感知。具体而言，当开展低水平公共性企业社会责任活动时，企业在活动宣传中应注意措辞的委婉性，尽可能使用表示合法性的词汇，比如“义务”“承诺”“责任”等，避免树立“自我标榜”的形象，从而加速消费者感知道德资本的积累。另外，当企业开展高水平的企业社会责任活动时，可根据活动的目的灵活选择宣传信息框架。如果企业是为了向消费者展示其道德形象，此时可以更多地选择道德性宣传信息框架；但如果企业的目的是向消费者展示一种谦虚的形象，则可以更多地选择合法性宣传信息框架。

（四）研究局限与展望

本书通过三个实验证实公共性企业社会责任会对消费者感知道德资本产生正向影响，利他性归因对这一影响过程产生中介效应，企业宣传信息框架会对这一影响过程产生调节作用。但其中也存在些许不足之处，希望未来研究可以进一步予以补充：第一，就实验被试的选取而言，本书的实验对象主要是在校学生，其可能对企业社会责任的敏感度和熟悉度不高，未来可以选择不同行业不同收入的消费者进行研究，从而提高本书研究结果的效度。第二，本书的研究方法主要为实验法，未来研究可以选取多个企业社会责任活动进行多案例研究，以检验不同水平不同类型的公共性企业社会责任对消费者感知道德资本的动态影响过程。

第五章
企业履责中同行模仿的管理策略

为了获得行为的合法性，企业会倾向于与同行保持一致；而为了取得竞争优势，企业又必须与同行保持差异性。如何有效地平衡同质化和异质化的双重压力是当前企业的实践难题。在企业社会责任这一具体情境中，企业应该采取同质化策略，还是异质化策略？具体而言，为了获得消费者更加积极的态度，企业是否应该模仿同行业企业的社会责任行为？这是本章试图回答的问题。

第一节　企业履责中同行模仿的管理决策困境

一、企业履责中的同行模仿

为了创造竞争优势，企业通常会与其同行保持差异性（Baum and Mezias，1992；Carroll，1993；McNamara et al.，2003）。然而，在企业实践中，却能观察到大量相似的企业社会责任活动。比如，近年来，主流互联网企业大都注重提高员工的住房福利，如阿里巴巴的“ihome”计划、腾讯的“易居计划”、京东建成6万平方米高级员工公寓、小米将给武汉的新员工提供住房等；为了保护消费者的售后权益，众多电商平台如京东、天猫、苏宁等企业制定了相似的“七天无理由退货政策”；众多饮料企业如可口可乐、百事可乐、华润怡宝、恒大冰泉等都一直在进行以“保护水资源”为主题的企业社会责任活动；在快递行业，如顺丰、京东物流、韵达等企业都在积极回收和捐赠旧衣；在手机行业，如苹果、华为、魅族等企业为了保护环境正在回收废旧手机；在石油行业，如中石油、中石化、中海油等企业都主动承担起“关爱环卫工人”的社会责任。

通常而言，企业在实际决策情境中会不断地需要去面对动态平衡同质和异质的双重压力。一方面，同质压力促使企业与同行保持一致性，其谋求的是行为的合法性认同（Deephouse，1999；DiMaggio and Powell，1983；Meyer and Rowan，1977）；另一方面，异质压力又迫使企业不断地推陈出新，以便在竞争中构建出相对优势（Baum and Mezias，1992；Carroll，1993；McNamara et al.，2003）。因此，企业往往需要根据所面临的具体情境，在详细分析两者利弊的基础上做出正确的决策，进而达到平衡同质压力和竞争压力的目标。虽然在组织管理领域已有大量研究探讨了同质和异质的决策依据（Young and Makhija，2014；Chintrakarn et al.，2017），但是在企业履行社会责任活动以进行利益相关者关系管理和企业形象管理的这一具体情境下，企业在何时应采取同质策略以获得合法性认同，在何种情境下则应该考虑建立竞争优势，却还是一个未被理论解答的问题。具体而言，为了获得消费者更加积极的评价，在业内企业相继开展了形式、主题、内容相似的企业社会责任活动后，本企业是否应该见贤思齐以获得合法性认同？还是应该选择卓尔不群，创新企业社会责任活动形式、主题、内容等，以建立相对优势？合法性认同和竞争优势，企业在不同企业社会责任策略情境下取舍的理论依据是什么？同质压力和异质压力其发挥作用的机制和条件是什么？为获得这一问题的答案，本书梳理了组织模仿的既往研究。

二、组织模仿的相关研究

（一）组织间模仿

对于组织而言，组织间模仿是一种非常普遍的行为方式，其存在于产品研发、管理方法引入、技术采用等组织活动的各个环节（Lieberman and Asaba，2006）。当处于同领域的组织之间面临相似的产业政策、制度环境、拥有共同的消费者群体等情况时，组织更有可能产生模仿行为（DiMaggio and Powell，1983）。Meyer 和 Rowan（1977）认为模仿可以给行为提供“合法性”。无论企业间的传染效应是通过无意识的社会认知过程产生，还是通过更加深思熟虑的过程产生，所有的模仿行为都建立在感知有效性的基础上（Strang and Meyer，1993；Lieberman and Aasaba，2006）。为了提高企业的地位和声誉等，管理者会有选择地对其他企业进行模仿（Strang and Still，2004）。在无法应对外部环境的变化时，组织会通过模仿其他企业的相关“创新”行为，以表明自身行为所具有的“合法性”（支晓强等，2014）。模仿者在确定模仿对象及模仿程度时，通常会优先选择和自己某些方面具有相似性的组织（陈仕华和卢昌崇，2015）。

（二）企业社会责任模仿

在企业社会责任领域，也有一些学者对企业之间的模仿行为进行探讨和分析。Mcelroy 和 Siegfried（1985）发现企业捐赠的数量会受到同城市其他企业的影响，如果它们捐得较多，企业也会提高自己的捐赠额度。企业也会经常将自身的捐赠水平与同行的捐赠水平进行比较，并努力与其保持一致（Campbell et al.，2002）。企业环境信息披露存在同质性和模仿行为，且属于模仿其他企业平均水平的频率模仿（沈洪涛和苏亮德，2012）。在相似的制度情境下，企业的社会责任行为具有趋同性（Young and Makhija，2014）。Chintrakarn 等（2017）认为，由于本地竞争、社会互动等，地理位置相互接近的企业往往会有相似的企业社会责任政策。跨国公司子公司和国内公司在决定是否采用国家和全球企业社会责任认证时，会倾向于模仿在地理位置上接近的公司（Husted et al.，2016）。在中国文化背景下，中国同行业的企业社会责任具有一定的相似性，同行业或者存在竞争的企业之间，都具有明显的“传染”或“攀比”的特征，十大行业企业社会责任相似性的均值都在 0.78 以上（刘计含和王建琼，2017）。刘柏和卢家锐（2018）研究发现：同一行业的企业社会责任网络具有“传染”效应，即如果所在行业平均企业社会责任高，则单个企业社会责任水平越高；个体企业可因为同行业内其他企业的社会责任行为而改变自己的社会责任行为。

通过上述分析可知，已有文献表明企业在履行社会责任时倾向于模仿其他企业，尤其是同行业竞争企业所进行的社会责任活动。但目前很少有文献对企业社会责任模仿行为进行评价。这一模仿行为能够给企业带来怎样的影响？企业在履行社会责任时是否仅仅应该采用同质策略，进而高度模仿同行业竞争企业所开展的社会责任活动？目前有关企业社会责任模仿的相关研究并不能对上述问题进行清晰解答，同时当前企业社会责任模仿的相关研究主要集中于战略视角，几乎没有文献从消费者视角对企业社会责任模仿进行研究和探讨。根据前述分析可知，企业社会责任的本质是对利益相关者的关系管理，而消费者通常是大部分企业的首要利益相关者。

三、企业社会责任同行模仿和消费者态度的关系

本书系统地梳理了企业社会责任中消费者态度的影响因素，并将其归纳为企业社会责任特征（Gruber et al.，2017；Chen et al.，2018）、消费者特征（Palihawadana et al.，2016；Hur et al.，2017）和企业特征（Marín et al.，2016；Salmones and Perez，2018）三大方面。

（一）企业社会责任特征

在企业社会责任活动中，企业社会责任自身的特征是影响消费者态度的重要因素之一。本书通过文献梳理，将企业社会责任特征这一影响因素细分为企业社会责任的类型（Groza et al.，2011；Chen et al.，2018）、企业社会责任的目标（Becker-olsen et al.，2006）、企业社会责任的地理位置（Russell and Russell，2010）、企业社会责任与企业的感知一致性（Lee et al.，2012）、企业社会责任联想（Biehal and Sheinin，2007）、企业社会责任信息来源（Grube et al.，2017）。

企业社会责任的类型会影响到消费者态度。相比反应型企业社会责任活动，主动型企业社会责任活动会积极影响价值驱动归因，进而影响消费者对企业的态度及购买意愿（Groza et al.，2011）。Chen 等（2018）认为对于不同的企业社会责任，消费者的支持程度不同。具体而言，相比促销型和慈善型企业社会责任，消费者会更加支持价值创造型企业社会责任。另外，企业社会责任的目标也会影响消费者态度。Becker-olsen 等（2006）认为，以社会为中心的企业社会责任会积极地影响消费者态度，而以营利为中心的企业社会责任会消极影响消费者态度。

开展企业社会责任活动的地理位置也是影响消费者态度的重要因素。相比国外，消费者更愿意光顾在国内开展企业社会责任活动的企业；相比远的地方，消费者更愿意光顾在家乡开展企业社会责任活动的企业（Russell，2010）。另外，企业与企业社会责任活动的感知一致性也会积极地影

响消费者态度（Lee et al.，2012；Sen and Bhattacharya，2001）。相比消极的企业社会责任联想，积极的企业社会责任联想可提高消费者对企业和产品的评价（Biehal and Sheinin，2007；Sen and Bhattacharya，2001）。企业社会责任信息来源会对消费者态度产生影响。相比社交媒体和某些公司的内部沟通方式，有关企业社会责任活动获奖通知的外部信息来源会让消费者产生更高的可信度（Gruber et al.，2017）。

（二）消费者特征

消费者的个人特质会影响其对企业社会责任的态度，如消费者道德主义和自我主义会影响消费者的产品评价（Palihawadana et al.，2016）。消费者集体主义与感知企业社会责任有积极的联系，消费者男子气概与感知企业社会责任有消极的联系（Hur et al.，2017）。消费者人际关系信任度会积极地影响消费者对企业社会责任动机的归因（Marín et al.，2016）。

消费者与企业社会责任的关系是影响消费者态度的另一个重要因素。消费者生活方式与企业社会责任的感知一致性、消费者价值观与企业社会责任的感知一致性会积极影响消费者对企业的认同和顾客忠诚度（Lee et al.，2012）。消费者感知企业社会责任的动机也会影响其对企业社会责任的态度（Becker-olsen et al.，2006；Vlachos et al.，2009）。消费者对企业社会责任的信任度和认知度会对企业评价、产品联想、购买意愿产生积极影响（Tian et al.，2011）。另外，消费者不同的企业社会责任信念会对购买行为产生不同的影响，但仅有道德信念对购买行为有直接影响（Abdeen et al.，2016）。消费者对企业社会责任的期望会影响消费者态度，如忠诚（Green and Peloza，2014）。

（三）企业特征

在企业社会责任中，企业与社会事件的契合度会积极影响消费者对企业社会责任动机的归因，然而企业伪善会消极影响消费者对企业社会责任动机的归因（Marín et al.，2016）。另外，企业不一致的企业社会责任信息会对消费者态度产生负面影响（Wagner et al.，2009）。Stanaland 等（2011）发现特定的线索包括感知企业财务绩效，感知企业道德声称的质量会影响消费者感知企业声誉、信任和忠诚等。在企业社会责任广告中，企业先前的道德声誉是进行企业社会责任有效沟通的前提条件，企业先前的道德声誉会积极地影响消费者对企业慈善的利他性归因，进而影响消费者对品牌的态度（Salmones and Perez，2018）。

在消费者视角下，目前有大量文献从企业社会责任特征、企业特征、消费者特征的角度去探讨企业社会责任中消费者态度的影响因素。但目前几乎没有文献立足于行业视角去探讨企业社会责任模仿行为对消费者态度的影响。同时，更重要的是，现有的大量研究都是从企业视角将企业社会责任作为单维化构念来研究（Mishra and Modi，2016），而没有建立在利益相关者这一关键视角上。如前所述，正是利益相关者理论瓦解了股东中心论的两大基石——产权理论和企业契约论，赋予了企业社会责任以学理上的合法性地位。从利益相关者视角可知，企业社会责任的概念非常复杂，不同企业社会责任履责对象不同，所欲实现的目的不同，达成的效果也不同，适用于某类企业社会责任行为的结论并不能适用于所有的企业社会责任。也就是说，即便模仿某类企业社会责任行为是有效的做法，但不等于在所有情况下皆是如此。企业社会责任行为管理过程中，何时模仿，何时创新？这个问题并不能从已有的研究中获得清晰的理解。基于此，本书立足于企业所在的整个行业，并根据利益相关者分类理论将企业社会责任划分为技术性企业社会责任和公共性企业社会责任（Mattingly and Berman，2006），探讨在企业社会责任这一具体决策情境中，企业应该如何动态平衡同质和异质双重压力这一问题。具体而言，本书从消费者视角深入解析企业社会责任模仿策略对消费者态度的影响过程，从而推动消费者视角下企业社会责任理论研究的进一步发展。

第二节 “同构”与“异质”的权衡和决策依据

一、企业社会责任类型与企业社会责任模仿策略的交互作用对消费者态度的影响

虽然已经有学者对企业社会责任模仿行为进行了相关研究（如 Husted et al.，2016；刘计含和王建琼，2017），但这些研究多从战略视角展开，目前几乎没有文献从消费者感知的视角对企业社会责任模仿行为进行定义和研究。陈武英和刘连启（2013）认为对于具体的模仿内容和领域，可以

根据研究主题的需要进行操作化定义。本书将综合心理学视角下模仿的相关理论以及模仿品牌和企业社会责任的学术研究，从消费者感知的角度对企业社会责任模仿策略进行定义。从心理学视角来看，模仿是在观察的基础上学习如何做出一种行为的过程（Subiaul，2010）。模仿就是复制已经观察到的行为，它具有两个特点：①在识别示范者的行为时，模仿主体是具有目标导向的；②对观察到的行为所执行的精确技术有特别的兴趣或关注（Fridland and Moore，2015）。营销研究领域也存在与模仿相关的构念，如模仿品牌是指模仿其他品牌的外观，比如品牌名称、标识、包装设计，以利用被模仿品牌的积极联想（Horen and Pieters，2017）。综合有关模仿和企业社会责任的学术研究，本书从消费者感知的视角对企业社会责任模仿进行操作化定义。具体而言，企业社会责任模仿是消费者认为某一企业在履行社会责任时积极与其他企业保持一致或相似的信念。在企业履行社会责任时，如果某一企业被消费者感知到其主动与其他企业保持高相似性，则为感知高相似性的企业社会责任模仿策略；在企业履行社会责任时，如果某一企业被消费者感知到其主动与其他企业保持低相似性，则为感知低相似性的企业社会责任模仿策略。

技术性企业社会责任是企业对首要利益相关者履行的企业社会责任（Mattingly and Berman，2006），也是企业最应该履行的企业社会责任。由于首要利益相关者，如企业的股东、员工等，对企业具有急迫的合法性诉求，并能够影响企业的经营活动（Freeman et al.，2007），消费者会倾向于将这种企业社会责任看作企业应尽的基本义务。企业公平地对待其员工的行为可以帮助其获得规范合法性（Zimmerman and Zeitz，2002）。公众也是企业获得合法性的重要来源之一，公众虽然不能直接影响企业的生存，但会营造出有利于或不利于商业组织的氛围，从而影响组织的商业活动（Chung et al.，2016）。当行业内一些竞争企业都开展相似的技术性企业社会责任活动时，若该企业实施感知高相似性的模仿策略开展相似的技术企业社会责任活动，则会获得消费者的合法性认同，进而提高消费者积极的态度；若该企业实施感知低相似性的模仿策略即不开展相似的技术企业社会责任活动，则可能会丧失合法性并面临严重的损失和制裁（骆紫薇等，2017）。因此，相比企业实施感知高相似性的模仿策略，如果企业实施感知低相似性的模仿策略会导致消费者更加消极的态度。故本章提出假设 H1a：

H1a：当企业社会责任类型为技术性企业社会责任时，相比感知高相似性的模仿策略，企业实施感知低相似性的模仿策略，消费者会有更加消极的态度。

公共性企业社会责任是企业为次要利益相关者履行的企业社会责任行为，比如捐资助学、倡导绿色环保等，因为这些行为对企业的经营活动缺乏影响力，所以消费者更容易将这种企业社会责任感知为企业主动利他的行为（Godfrey et al.，2009），而非一种强制性的义务。由于公共性企业社会责任行为具有主动利他的特点，消费者会倾向于将这种企业社会责任感知为一种自愿的牺牲行为（骆紫薇等，2017）。当行业内一些竞争企业都履行相似的公共性企业社会责任时，相比实施感知低相似性的模仿策略，如果本企业实施感知高相似性的模仿策略，消费者则会倾向于认为企业开展此次企业社会责任活动的行为是对外部压力的回应，而并非来源于企业自身的信念和价值观。此时，消费者会更容易进行外部归因，减少了消费者对企业的利他性归因，进而产生更加消极的态度。故本章提出假设 H1b：

H1b：当企业社会责任类型为公共性企业社会责任时，相比感知高相似性的模仿策略，企业实施感知低相似性的模仿策略，消费者会有更加积极的态度。

二、合法性认同的中介作用

合法性被定义为一种普遍的认知和假设，即某一实体的行为在社会建构的规范、价值观、信念、既定体系中是可取的、适当的（Suchman，1995）。根据合法性理论，组织被认为其存在的社会环境中的组成部分（Woodward et al.，1996），这就意味着组织应该持续地寻求在各自的社会规范内进行运作，应努力确保其行为是被感知合法的（O'Donovan，2002）。DiMaggio 和 Powell（1983）认为合法性感知包含消费者对组织存在的接受性、期望性和适宜性的整体感知及判断，其代表已有的社会建构体系，如信念、价值观和规范等对组织存在的认可和接受程度，并在一定程度上可以为组织生存和成长提供所需要的资源。企业的合法性不是永久性的，是可以被获得的（Johnson and Holub，2003）。Cho 和 Patten（2007）指出企业对社会的披露可以当作合法化的工具，并且这种方式在公众监督越多的行业中越为普遍。

那些认真致力于企业社会责任的企业往往通过企业沟通及定期向利益相关者披露有关信息的方式来表明自身的合法性，在此过程中消费者感知企业社会责任会积极影响消费者的信任、忠诚（Stanaland et al.，2011）；感知零售商合法性也会积极影响消费者的购买意愿（Chaney et al.，2016）。Kim 等（2017）指出，博彩企业可以通过开展企业社会责任活动来寻求自身的合法性，从而积极影响企业的形象和消费者的行为意愿。在社交网站上，消费者可以分享或评论与组织相关的企业社会责任信息，这会影响消费者对组织的合法性感知，进而积极影响消费者的购买意愿（Lee et al.，2018）。

技术性企业社会责任是对首要利益相关者所履行的企业社会责任（Mattingly and Berman，2006）。首要利益相关者是指那些对企业存在紧迫的合法性诉求，并有能力影响企业经营活动从而伸张其利益的群体（Wheeler and Sillanpää，1998）。由于首要利益相关者能够影响企业的经营活动，并且对企业存在急迫的合法性诉求（Freeman et al.，2007），消费者会倾向于将这种企业社会责任看作企业应尽的基本义务。骆紫薇等（2017）认为，履行技术性企业社会责任会影响消费者对组织的合法性认同。企业可以采用模仿行为增强组织的合法性（支晓强等，2014）。基于已有研究，本书认为当行业内众多竞争企业都履行相似的技术性企业社会责任时，消费者会倾向于将这种企业社会责任看作企业应尽的基本义务。此时，相比实施感知高相似性的模仿策略，如果实施感知低相似性的模仿策略，消费者会降低对企业合法性认同，进而导致消费者产生更加消极的态度。因此，本章提出假设 H2：

H2：在技术性企业社会责任的情境下，相比感知高相似性的模仿策略，企业实施感知低相似性的模仿策略会降低消费者对企业的合法性认同，进而降低消费者的积极态度。

三、利他性归因的中介作用

归因理论认为个体会对他人的行为做出自主的、有目的的归因（Lange and Washburn，2012）。消费者经常会对支持社会事件的企业动机进行认知加工（Becker-olsen et al.，2006）。当企业沟通其支持的社会事件时，消费者对企业动机的归因是消费者回应的关键因素（Becker-olsen et al.，2006；Lange and Washburn，2012）。企业的动机可以被阐述为以自我利益为中心（自我服务动机或外部动机）、不以自我利益为中心（公共服务动机或内部动机）（Mohr and Webb，2001；Becker-olsen et al.，2006；Skarmeas and Leonidou，2013）。Forehand and Grier（2003）认为企业社会责任行为会被企业自我服务动机驱动，比如增加利润、提高企业品牌形象、促进市场发展。一般而言，由于自我服务动机具有机会主义和自私的特点，消费者会对其进行负面感知；而公共服务动机以增加社会福利为目的，其会积极影响消费者的感知（Rim et al.，2016；Mantovani et al.，2017）。

已有的研究发现，在市场中当环境保护责任只是例外（大部分其他企业没有做类似的行为）而不是规则（大部分其他企业有做类似的行为）时，消费者更可能会认为企业是用一种独特的和真实的方式进行该活动（Leonidou and Skarmeas，2017）；此时，消费者可能会认为该行为是由于企业自身的特性并相信企业具有真正的意愿，进而产生内在归因（Vlachos et al.，2013）。相反，在市场上大部分竞争企业表现出对环境负责任的态度时，消费者更可能认为这是发生了效仿效应，此时，被消费者观察到的企业行为会缺乏新颖性和真实性（Parguel et al.，2011）。

公共性企业社会责任是对次要利益相关者履行的企业社会责任（Mattingly and Berman，2006）。由于次要利益相关者对企业的运营活动不会产生直接影响，所以通常情况下消费者不会将公共性企业社会责任看作企业基本的和具有强制性的义务，而是一种主动的利他行为（骆紫薇等，2017）。Godfrey 等（2009）认为消费者倾向于将公共性企业社会责任感知为企业主动利他行为。基于已有的研究，本书认为当行业内众多竞争企业都履行相似的公共性企业社会责任时，相比本企业实施感知高相似性的模仿策略，如果实施感知低相似性的模仿策略，消费者会更倾向于认为企业进行此次企业社会责任活动是企业的自主行为，而不是迫于外部压力才从事的行为。此时，相比感知高相似性的模仿策略，感知低相似性的模仿策略会提高消费者对企业的利他性归因，从而会促使消费者产生更加积极的态度。因此，本章提出假设 H3：

H3：在公共性企业社会责任的情境下，相比感知高相似性的模仿策略，企业实施感知低相似性的模仿策略会提高消费者的利他性归因，进而提高消费者的积极态度。

四、规范压力的调节作用

规范压力是指在一个特定国家中被社会所共享且被个人所持有的社会规范、信念、价值观以及有关人性和人类行为的假设（Kostova and Zaheer, 1999；Kostova et al.，2008）。规范压力是评估合法性的道德基础，其规定了个体在社会中的角色、权利和责任（Perez-Batres et al.，2010）。比如，在那些高度关注环境问题的国家从事经营活动的企业会面临更大的压力，这会迫使企业必须更加严格地遵守这些相关的环境准则，否则将会受到媒体、非政府组织等的批评，从而失去在该环境下运营的声誉和合法性（Ortiz-de-Mandojana et al.，2016）。

通常情况下，企业对次要利益相关者履行的企业社会责任，消费者会认为是企业的主动利他行为，并不是企业必须做的事情。但是若存在过高的规范压力，即绝大多数社会公众都认为企业应该履行对次要利益相关者的企业社会责任时，这种特殊的公共性企业社会责任就成了绝大多数社会公众对企业的期望。比如某企业“捐款门”事件。在这种情况下，相比感知高相似性的模仿策略，如果企业进行感知低相似性的模仿策略，会导致消费者对企业合法性认同的显著降低。基于以上分析，本书认为当存在规范压力这种特殊的条件时，公共性企业社会责任会类似于技术性企业社会责任的性质，如向灾区捐赠趋近于企业的一项基本义务。相比感知高相似性的模仿策略，若此时企业实施感知低相似性的模仿策略，则会降低消费者对企业的合法性认同，进而消极影响消费者的态度。因此，本章提出假设 H4：

H4：规范压力会调节企业社会责任类型与企业社会责任模仿策略的交互项对消费者态度的影响。

H4a：当存在规范压力时，在公共性企业社会责任和技术性企业社会责任的情境下，相比感知高相似性的模仿策略，企业实施感知低相似性的模仿策略会消极影响消费者的态度；

H4b：当不存在规范压力时，在技术性企业社会责任的情境下，相比感知高相似性的模仿策略，企业实施感知低相似性的模仿策略会消极影响消费者的态度；在公共性企业社会责任的情境下，相比感知高相似性的模仿策略，企业实施感知低相似性的模仿策略会积极影响消费者的态度。

规范压力的调节作用理论模型见图 5-1。

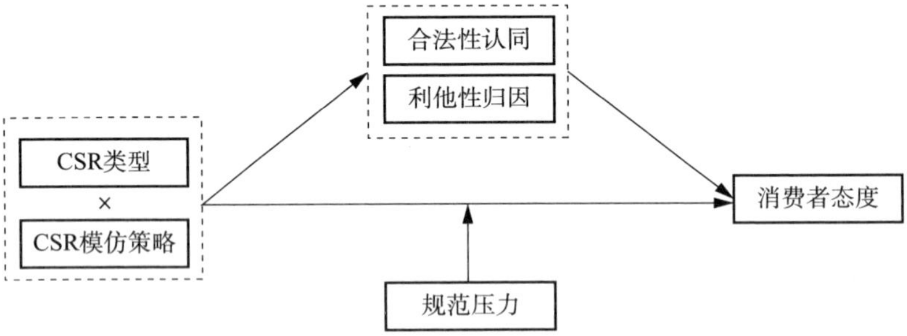

图 5-1 规范压力的调节作用

第三节 企业社会责任模仿策略的实证

为了验证上述的理论假设，本书进行了两个田野实验和三个实验室实验。首先，为了提高研究结论的外部效度，本书进行了两个田野实验以验证当企业社会责任类型为技术性企业社会责任时，相比感知高相似性的模仿策略，企业实施感知低相似性的模仿策略，消费者会有更加消极的态度；当企业社会责任类型为公共性企业社会责任时，相比感知高相似性的模仿策略，企业实施感知低相似性的模仿策略，消费者会有更加积极的态度。在此基础上，本书通过三个实验室实验进一步提高本书研究假设的内部效度。实验 1 通过直接操纵企业社会责任类型和企业社会责任模仿策略，验证了企业社会责任类型与企业社会责任模仿策略会对消费者态度产生交互影响；为了验证中介效应并增强实验 1 结果的稳健性，实验 2 采用了不同情境，进一步验证了企业社会责任类型与企业社会责任模仿策略会对消费者态度产生交互影响，同时证实合法性认同和利他性归因会中介这一影响过程。其次，本书利用实验 3 验证了规范压力对于上述交互影响过程的调节作用。

一、田野实验 A：技术性企业社会责任情境下企业社会责任模仿策略对消费者态度的影响

为了探究技术性企业社会责任情境下企业社会责任模仿策略对消费者态度的影响这一问题，本书利用“苏宁+7 天无理由”“国美+7 天无理由”进行百度搜索，以所获得的网页作为数据来源。之后，本书在 2018 年 12 月 21 日利用爬虫软件爬取到的网页内容，并对其进行文本分析，比较有关“国美+7 天无理由”和“苏宁+7 天无理由”消极评论网页所占的比率，以期初步支持本书的假设 H1a。本书分析认为，苏宁和国美“7 天无理由退货”政策相比天猫、京东等主流电商平台，国美的“7 天无理由退货”政策差异较大，比如消费者在国美平台上购买电视，在拆开电视机包装且通电等情况下，国美很难支持“7 天无理由退货”政策；而苏宁“7 天无理由退货”政策则与天猫、京东等主流电商平台政策保持更高的相似度。

（一）数据收集与分析

本书分两种不同情境：苏宁组即感知高相似性的模仿策略组；国美组即感知低相似性的模仿策略组。在苏宁组，本书在百度搜索中输入“苏宁 7 天无理由”进行检索，利用网络爬虫工具，最后共爬取了 669 条网页。本书对这些网页进行了逐一分析，其中涉及商品销售信息介绍等与“苏宁线上 7 天无理由退货”评论无关的网页共 303 条；有关“苏宁线上 7 天无理由退货”消极评论的网页共 239 条；有关“苏宁线上 7 天无理由退货”非消极评论的网页共 127 条。另外，本书在百度搜索中输入“国美 7 天无理由”进行检索，利用网络爬虫工具，最后共爬取了 578 条网页。本书对这些网页进行了逐一分析，其中涉及商品销售信息介绍等与“国美线上 7 天无理由退货”评论无关的网页共 291 条；有关“国美线上 7 天无理由退货”消极评论的网页共 240 条；有关“国美线上 7 天无理由退货”非消极评论的网页共 47 条。

（二）研究结果与讨论

对于所获得的数据进行了卡方分析，结果显示：相比“苏宁线上 7 天无理由退货”消极评论网页占比，“国美线上 7 天无理由退货”消极评论网页占比更高（41.5% VS 35.7%，$p=0.036<0.05$）。在删除与“国美和

苏宁线上 7 天无理由退货”评论无关的网页后，上述结果仍然成立(86.3% VS 65.3%，$p<0.001$)。以上数据分析表明：在真实的网络情境中，相比“苏宁线上 7 天无理由退货”即感知高相似性的模仿策略组，消费者对“国美线上 7 天无理由退货”即感知低相似性的模仿策略组持有更加消极的态度，这一结果证明了 H1a 在现实商业情境中是真实存在的。

在预研究 A 中本书通过二手数据分析发现，相比采取感知高相似性的模仿策略的苏宁，国美的感知低相似性的模仿策略会导致消费者更加消极的态度。之后，本书将严格控制其他无关变量，并进行情境模拟实验，以深入研究技术性企业社会责任情境下企业社会责任模仿策略对消费者态度的影响，从而增强研究结果的稳健性。

二、田野实验 B：公共性企业社会责任情境下企业社会责任模仿策略对消费者态度的影响

为了探究公共性企业社会责任情境下企业社会责任模仿策略对消费者态度的影响这一问题，本书将农夫山泉的新浪官方微博发布的内容和消费者评论作为研究的数据来源。选取农夫山泉作为研究对象的原因是饮料行业中很多企业之前都进行过保护水资源的活动，消费者对此行为有一定的认知度。农夫山泉从事保护水资源的活动与众多竞争企业相似，故本书将农夫山泉保护水资源的企业社会责任活动分为感知高相似性的模仿策略组，将非保护水资源的企业社会责任活动分为感知低相似性的模仿策略组。另外，选取同一家企业发布的内容进行分析是为了避免品牌的知名度、声誉、产品质量等干扰变量对因变量的影响。

（一）数据收集与分析

本书在 2018 年 12 月 18 日，利用“慈善”“公益”“爱心”等关键词在农夫山泉官方微博中进行搜索，共收集到 14 条官方微博，这些微博发布的活动都属于公共性企业社会责任的范畴。之后，本书将这些活动分为保护水资源的公共性企业社会责任活动组，即感知高相似性的模仿策略组和非保护水资源的公共性企业社会责任活动组，即感知低相似性的模仿策略组两种不同的情境。通过网络爬虫技术，本书共获取了来自 14 条官方微博下的 653 条在线评论，其中保护水资源的公共性企业社会责任活动即感知

高相似性的模仿策略组有 265 条，非保护水资源的公共性企业社会责任活动即感知低相似性的模仿策略组有 388 条。本书对这些评论的消极属性进行了逐一分析。在保护水资源的企业社会责任活动组，消极评论有 60 条，非消极评论有 205 条；在非保护水资源的企业社会责任活动组，消极评论有 53 条，非消极评论有 335 条。

（二）研究结果与讨论

本书对所获得的数据进行了卡方分析。结果显示：相比非保护水资源的企业社会责任活动组即感知低相似性的模仿策略组，在保护水资源的企业社会责任活动组即感知高相似性的模仿策略组情境下，消费者消极评论的占比更高（22.6% VS 13.7%，$p=0.003<0.05$）。以上数据分析表明：在公共性企业社会责任情境下，相比感知高相似性的模仿策略组，消费者对感知低相似性的模仿策略组会持有更少的消极态度，这一结果证明了 H1b 在现实商业情境中是真实存在的。之后，本书将严格控制其他无关变量，并进行情境模拟实验，以深入研究公共性企业社会责任情境下企业社会责任模仿策略对消费者态度的影响，从而增强研究结果的稳健性。

三、实验 1：企业社会责任类型与企业社会责任模仿策略的交互项对消费者态度的影响

（一）实验目的与设计

实验 1 的目的旨在验证 H1a 和 H1b 能否成立。此次实验为 2（企业社会责任类型：公共性企业社会责任 VS 技术性企业社会责任）×2（企业社会责任模仿策略：感知高相似性 VS 感知低相似性）被试间设计。132 名某高校的学生参与了此次研究，在剔除没有完整填写相关题项的被试后，有效的被试人数为 121 名，其中男性 67 名，女性 54 名。所有的被试被随机分配到 4 种不同的实验情境中。为了控制品牌知名度、企业能力、品牌熟悉度等无关变量的影响，本书在实验情境中所呈现的均为虚拟企业。

（二）实验过程

本书的刺激材料主要来源于一汽大众、奥迪等汽车公司真实的新闻报道。为遮蔽研究目的，在研究正式开始之前，被试被告知正在进行一项有

关企业新闻事件的调查。首先，被试被要求想象其正在阅读一份可信任的报纸，恰好浏览到了一则有关汽车企业的新闻报道。

在公共性企业社会责任情境下，该新闻报道的主要内容：在2016—2017年，著名的汽车制造企业Kedela、Gdraco、Cinbox公司率先在行业内分别进行了多场以“净化空气、保护地球”为主题的公益活动。在阅读完这一新闻后，被试被要求想象其联想到了与上述公司有激烈市场竞争关系的另一汽车制造企业Herbix，并利用互联网对Herbix的相关新闻进行了搜索。最后，只发现了一则新闻报道。在公共性企业社会责任和感知高相似性的模仿策略情境下，该新闻报道的主要内容为：2018年，为了“净化空气、保护地球”，Herbix公司开展了多场相关的公益活动。在公共性企业社会责任和感知低相似性的模仿策略情境下，该新闻报道的主要内容为：2018年，Herbix公司进行了以“关爱留守儿童”为主题的多场公益活动。

在技术性企业社会责任情境下，该新闻报道的主要内容：在2016—2017年，著名的汽车制造企业Kedela、Gdraco、Cinbox公司率先在行业内分别建立了售后服务专项计划，从而更好地为用户提供优质的服务。在阅读完这一新闻后，被试被要求想象其联想到了与上述公司有激烈市场竞争关系的另一汽车制造企业Herbix，并利用互联网对Herbix的相关新闻进行了搜索。最后，只发现了一则新闻报道。在技术性企业社会责任和感知高相似性的模仿策略情境下，该新闻报道的主要内容为：2018年，Herbix公司进行了以用户体验为导向的守护服务培训项目，从而更好地为用户提供售后服务。在技术性企业社会责任和感知低相似性的模仿策略情境下，该新闻报道的主要内容为：2018年，为了提高消费者的驾驶安全和满意度，Herbix公司进行了氙气大灯及LED日间行车灯的科技研发。

之后，所有被试对相关变量的量表进行评价，并填写了与个人相关的信息。

（三）变量测量

被试被要求对公共性企业社会责任或技术性企业社会责任的感知、企业社会责任模仿的程度、企业开展社会责任活动的态度进行评价。为了控制其他变量的影响，本书还测量了企业和企业社会责任的感知一致性、企业社会责任事件的熟识度、企业社会责任事件的重要性。

基于Hombur等（2013）的研究，本书对公共性企业社会责任感知的测量有 3 个题项，具体为“这些公司积极参与慈善捐助”“一些社会事件将从这些公司的捐助中得到支持”“一些需要帮助的社会事件将从这些公司的捐助中受益”；对技术性企业社会责任感知的测量也有 3 个题项，具体为“这些汽车公司非常关注并及时回应消费者的诉求”“这些汽车公司为消费者权益提供了超越法律要求的更高保障”“这些汽车公司将更高标准的伦理要求贯彻于商业运营中”。在借鉴 Horen 和 Pieters（2012）研究的基础上，本书对企业社会责任模仿的程度进行测量，具体题项为“您觉得 Herbix 公司所进行的活动与 Kedela、Gdraco、Cinbox 公司所进行的活动之间相似性程度如何?”。基于 Nan 和 Heo（2007）的研究，本书测量被试对企业社会责任态度的测量有 3 个题项，具体为“我对 Herbix 公司所进行的活动很满意”“我喜欢 Herbix 公司所进行的活动”“我觉得 Herbix 公司所进行的活动很好”。以上测量表均为李克特 7 级量表。

为了控制其他变量的影响，本书对企业社会责任事件熟识度（Simonin and Ruth，1998；Lafferty et al.，2004）、企业与企业社会责任事件的一致性（Kuo and Rice，2015）、企业社会责任事件的重要性（Grau and Folse，2007；Howie et al.，2018）进行了测量。

（四）实验结果与讨论

本书对相关量表进行了信度分析，结果显示各个变量量表 Cronbach's α 系数均高于 0.7，信度达到要求。单样本 t 检验显示：在公共性企业社会责任情境下，消费者对公共性企业社会责任的感知得分明显高于平均值［$M=5.246>4$，$SD=1.080$，$t(61)=9.010$，$p<0.001$］，这表明本书对公共性企业社会责任的操纵成功；在技术性企业社会责任情境下，消费者对技术性企业社会责任的感知得分明显高于平均值［$M=5.061>4$，$SD=1.242$，$t(60)=6.618$，$p<0.001$］，这表明本书对技术性企业社会责任的操纵成功。

独立样本 t 检验表明：相比感知低相似性的模仿策略情境下，在感知高相似性的模仿策略情境下被试认为 Herbix 公司所进行的活动与 Kedela、Gdraco、Cinbox 公司所进行的活动之间相似性程度更高［$M_{感知高相似性}=5.230$，$SD_{感知高相似性}=1.086$；$M_{感知低相似性}=3.400$，$SD_{感知低相似性}=1.368$，$t(119)=8.154$，$p<0.001$，Cohen's $d=1.482$］，这表明本书对企业社会责任模仿策略的操纵成功。

本书对消费者对企业社会责任的态度作为因变量，2（企业社会责任类型：公共性企业社会责任 VS 技术性企业社会责任）×2（企业社会责任模仿策略：感知高相似性 VS 感知低相似性）作为自变量进行了方差分析。结果显示：企业社会责任类型与企业社会责任模仿策略会对企业社会责任态度产生交互影响［$F(1, 117)=17.088$，$p<0.001$，$\eta^2=0.127$］。进一步的简单效应分析表明：在公共性企业社会责任情境下，相比感知高相似性的模仿策略，企业实施感知低相似性的模仿策略，被试会对企业社会责任活动产生更加积极的态度（$M_{\text{感知高相似性}}=4.301$，$SD_{\text{感知高相似性}}=1.251$；$M_{\text{感知低相似性}}=5.489$，$SD_{\text{感知低相似性}}=1.306$，$p<0.001$，Cohen's $d=0.929$）；而在技术性企业社会责任情境下，相比感知高相似性的模仿策略，如果企业实施感知低相似性的模仿策略，被试会对企业社会责任活动产生更加消极的态度（$M_{\text{感知高相似性}}=5.278$，$SD_{\text{感知高相似性}}=1.210$；$M_{\text{感知低相似性}}=4.533$，$SD_{\text{感知低相似性}}=1.369$，$p<0.05$，Cohen's $d=0.577$）。

为了控制其他干扰变量的影响，本书对消费者对企业社会责任的态度作为因变量，2（企业社会责任类型：公共性企业社会责任 VS 技术性企业社会责任）×2（企业社会责任模仿策略：感知高相似性 VS 感知低相似性）作为自变量，消费者对企业社会责任事件的熟识度、企业与企业社会责任事件的一致性、企业社会责任事件的重要性、性别作为协变量进行了方差分析。结果再次表明企业社会责任类型与企业社会责任模仿策略会对企业社会责任的态度产生交互影响［$F(1, 113)=30.744$，$p<0.001$，$\eta^2=0.196$］（见图 5-2）。

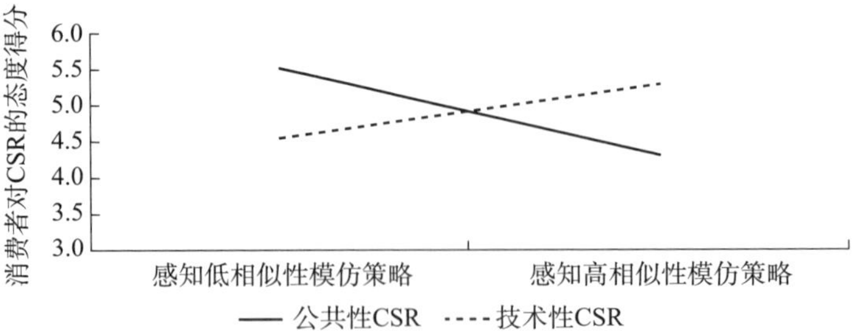

图 5-2 企业社会责任类型和企业社会责任模仿策略对企业社会责任活动态度的交互作用

（五）研究讨论

综上所述，实验 1 验证了当企业社会责任类型为技术性企业社会责任时，相比感知高相似性的模仿策略，企业实施感知低相似性的模仿策略，消费者对企业社会责任会有更加消极的态度；当企业社会责任类型为公共性企业社会责任时，相比感知高相似性的模仿策略，企业实施感知低相似性的模仿策略，消费者对企业社会责任会有更加积极的态度，即证实了H1a和H1b。为了让研究结果更加稳健，本书将在接下来的研究中变换实验情境，并将因变量消费者对企业社会责任活动的态度进一步延伸到消费者对品牌的态度及购买意愿，以期再次验证H1a和H1b。另外，企业社会责任类型和企业社会责任模仿策略对消费者态度存在交互影响的原因是什么？本书将进一步探讨交互效应背后的内在机制。

四、实验2：利他性归因和合法性认同的中介作用

（一）实验目的与设计

实验2的目的旨在验证H2和H3能否成立，即验证在技术性企业社会责任的情境下，相比感知高相似性的模仿策略，企业实施感知低相似性的模仿策略会消极影响消费者对企业的合法性认同，进而消极影响消费者的态度；在公共性企业社会责任的情境下，相比感知高相似性的模仿策略，企业实施感知低相似性的模仿策略会积极影响消费者的利他性归因，进而积极影响消费者的态度。

此次实验为2（企业社会责任类型：公共性企业社会责任VS技术性企业社会责任）×2（企业社会责任模仿策略：感知高相似性VS感知低相似性）被试间设计。本实验共获得127份有效问卷。被试均为有工作经历的MBA学生或已经工作的人士，被随机分配到4种不同的实验情境中，其中男性49名、女性78名。为了控制品牌知名度、企业能力、品牌熟悉度等无关变量的影响，本书在实验情境中所呈现的均为虚拟企业。

（二）实验过程

为了实验的稳健性，实验2的实验情境变换为有关地产企业的新闻报道。与实验1相似，被试首先被要求想象其浏览到了一则有关地产企业的新闻报道。本书的刺激材料主要基于万科、碧桂园等房地产公司真实的新闻报道。

在公共性企业社会责任情境下，该新闻报道的主要内容为在2016—2017年，著名的地产企业Aadlak、Ctrado公司率先在行业内积极推动针对

先天性心脏病贫困儿童的关怀项目。在阅读完这一新闻后，被试被要求想象其联想到了与 Aadlak、Ctrado 公司有激烈市场竞争关系的另一地产企业 Herbix 公司，并利用互联网对 Herbix 公司的相关新闻进行了搜索。最后，只发现了一则新闻报道。在公共性企业社会责任和感知高相似性的模仿策略情境下，该新闻报道的主要内容：2018 年，Herbix 公司为心脏病贫困儿童提供专业的医疗养护。在公共性企业社会责任和感知低相似性的模仿策略情境下，该新闻报道的主要内容：2018 年，Herbix 公司致力于让贫困地区儿童接受更优质的教育。

在技术性企业社会责任情境下，该新闻报道的主要内容：在 2016—2017 年，著名的地产企业 Aadlak、Ctrado 公司率先在行业内建立了企业与消费者互动的网络 App 平台，以提升企业售后服务水平。在阅读完这一新闻后，被试被要求想象其联想到了与 Aadlak、Ctrado 公司有激烈市场竞争关系的另一地产企业 Herbix 公司，并利用互联网对 Herbix 公司的相关新闻进行了搜索。最后，只发现了一则新闻报道。在技术性企业社会责任和感知高相似性的模仿策略情境下，该新闻报道的主要内容：2018 年，为提高企业售后服务水平，Herbix 公司投入开发了移动验房 App。在技术性企业社会责任和感知低相似性的模仿策略情境下，该新闻报道的主要内容：2018 年，Herbix 公司对产品所使用的材料进行全方位管控，从而为消费者提供更高质量的产品。

之后，所有被试对相关变量的量表进行评价，并填写了与个人相关的信息。

（三）变量测量

被试被要求对 Herbix 公司的品牌态度、利他性归因及合法性认同、企业和企业社会责任的感知一致性、企业社会责任事件的熟识度、企业社会责任事件的重要性、公共性企业社会责任或技术性企业社会责任的感知、企业社会责任模仿的程度进行评价。

借鉴 Nan 和 Heo（2007）的研究，本书测量了被试对 Herbix 公司的品牌态度，共有 3 个题项，具体为“我对 Herbix 品牌很满意”“我喜欢 Herbix 品牌”“我觉得 Herbix 品牌很好”。根据 Homburg 等（2009）的研究，本书测量了被试对 Herbix 公司的合法性认同，具体题项为“我认为 Herbix 公司是社会所必需的部分”“我认为 Herbix 公司是一个良好的组织公民”“我认同 Herbix 公司的做法，和我所认同的社会规范是一致的”“我认同 Herbix 公司这一做法”。以上测量量表均为李克特 7 级量表。基于 Alcañiz 等（2010）的研究，本书采用 7 级语义差异量表测量被试对 Herbix 公司的利他性归因，具体的问题为“您认为 Herbix 公司进行上述活动的原因是?”，题项为“出于自身利益/出于社会利益”“利润驱动/社会驱动”“利己动机/利他动机”。

本书对公共性企业社会责任感知、技术性企业社会责任感知、企业社会责任事件熟识度、企业与企业社会责任事件的一致性、企业社会责任事件重要性的测量同实验 1。

（四）实验结果与讨论

本书对相关量表进行了信度分析，结果显示各个变量量表 Cronbach's α 系数均高于 0.7，信度达到要求。单样本 t 检验显示：在公共性企业社会责任情境下，被试对公共性企业社会责任的感知得分明显高于平均值［$M=5.556>4$，$SD=0.855$，$t(62)=14.439$，$p<0.001$］，这表明本书对公共性企业社会责任的操纵成功；在技术性企业社会责任情境下，被试对技术性企业社会责任的感知得分明显高于平均值［$M=5.422>4$，$SD=1.005$，$t(63)=11.320$，$p<0.001$］，这表明本书对技术性企业社会责任的操纵成功。

独立样本 t 检验表明：相比感知低相似性的模仿策略情境，在感知高相似性的模仿策略情境下，被试认为 Herbix 公司所进行的活动与 Aadlak、Ctrado 公司所进行的活动之间相似性程度更高［$M_{感知高相似性}=5.349$，$SD_{感知高相似性}=1.080$；$M_{感知低相似性}=3.750$，$SD_{感知低相似性}=1.826$，$t(125)=5.996$，$p<0.001$，Cohen's $d=1.066$］，这表明本书对企业社会责任模仿策略的操纵成功。

本书对消费者对 Herbix 品牌的态度作为因变量，2（企业社会责任类型：公共性企业社会责任 VS 技术性企业社会责任）×2（企业社会责任模仿策略：感知高相似性 VS 感知低相似性）作为自变量进行了方差分析。结果显示企业社会责任类型与企业社会责任模仿策略会对品牌态度产生交互影响［$F(1, 123)=18.290$，$p<0.001$，$\eta^2=0.129$］。进一步通过简单效应分析表明：在公共性企业社会责任情境下，相比感知高相似性的模仿策略，企业实施感知低相似性的模仿策略，被试会对 Herbix 品牌产生更加积极的态度（$M_{感知高相似性}=4.525$，$SD_{感知高相似性}=1.345$；$M_{感知低相似性}=5.604$，

$SD_{感知低相似性}=0.952$，$p<0.01$，Cohen's $d=0.926$）；而在技术性企业社会责任情境下，相比感知高相似性的模仿策略，如果企业实施感知低相似性模仿策略，被试会对 Herbix 品牌产生更加消极的态度（$M_{感知高相似性}=5.644$，$SD_{感知高相似性}=1.050$；$M_{感知低相似性}=4.708$，$SD_{感知低相似性}=1.782$，$p<0.05$，Cohen's $d=0.640$）。为了控制其他干扰变量的影响，本书对消费者对 Herbix 品牌的态度作为因变量，2（企业社会责任类型：公共性企业社会责任 VS 技术性企业社会责任）×2（企业社会责任模仿策略：感知高相似性 VS 感知低相似性）作为自变量，消费者对企业社会责任事件的熟悉度、企业与企业社会责任事件的一致性、企业社会责任事件的重要性、性别作为协变量进行了方差分析。结果再次表明企业社会责任类型与企业社会责任模仿策略会对品牌态度产生交互影响［$F(1, 119)=22.798$，$p<0.001$，$\eta^2=0.142$］。实验结果表明假设 H1a 和 H1b 成立。

本书采用 Bootstrap 方法（Preacher and Hayes，2004；Zhao et al.，2010），进行中介效应检验。首先，为了验证合法性认同的中介作用，本书将合法性认同作为中介变量，企业社会责任模仿策略作为自变量，企业社会责任类型作为调节变量，消费者对 Herbix 公司的品牌态度作为因变量，在 95%的置信区间、样本量为 5000 的条件下，选择模型 8 进行检验。然后，结果显示有调节的中介效应的置信区间为［-1.5538，-0.2353］，不包含 0，这表明有调节的中介效应存在。进一步结果表明，当企业社会责任类型为技术性企业社会责任时，合法性认同的中介效应存在，置信区间为［-1.4076，-0.3024］，不包含 0，效应量大小为 0.8278；而企业社会责任类型为公共性企业社会责任时，合法性认同的中介效应不存在，置信区间为［-0.3230,0.4063］，包含 0。上述结果证明 H2 成立。

另外，为了验证利他性归因的中介作用，本书将利他性归因作为中介变量，企业社会责任模仿策略为自变量，企业社会责任类型为调节变量，消费者对 Herbix 公司的品牌态度为因变量，在 95%的置信区间、样本量为 5000 的条件下，选择模型 8 进行检验。最后，结果显示有调节的中介效应的置信区间为［-1.0968，-0.1063］，不包含 0，这表明有调节的中介效应存在。进一步结果表明，当企业社会责任类型为公共性企业社会责任时，利他性归因的中介效应存在，置信区间为［0.3009，1.1488］，不包含 0，效应量大小为 0.6745；而企业社会责任类型为技术性企业社会责任时，利他性归因的中介效应不存在，置信区间为［-0.1978，0.4677］，包含 0（见图 5-3）。上述结果证明 H3 成立。

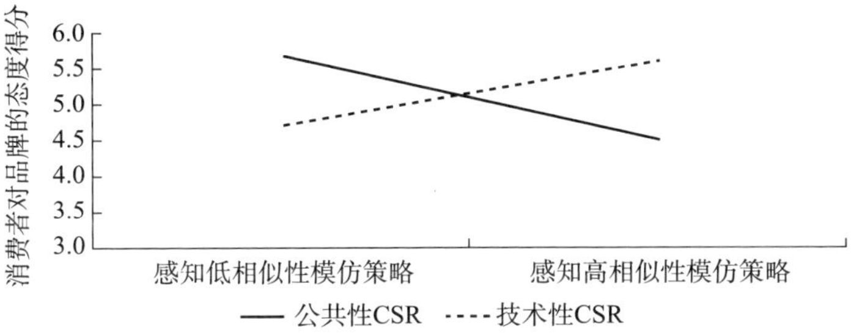

图 5-3　企业社会责任类型和企业社会责任模仿策略对品牌态度的交互作用

（五）研究讨论

综上，实验 2 再次验证了 H1a 和 H1b，即当企业社会责任类型为技术性企业社会责任时，相比感知高相似性的模仿策略，企业实施感知低相似性的模仿策略，消费者对企业社会责任会有更加消极的态度；当企业社会责任类型为公共性企业社会责任时，相比感知高相似性的模仿策略，企业实施感知低相似性的模仿策略，消费者对企业社会责任会有更加积极的态度。更重要的是，实验 2 通过测量消费者对品牌的态度，进一步验证了企业社会责任类型和企业社会责任模仿策略对消费者态度产生交互影响的内在机制即合法性认同和利他性归因。之后，本书将进一步探讨企业社会责任类型和企业社会责任模仿策略对消费者态度产生交互影响是否存在潜在的边界条件。

五、实验 3：规范压力的调节作用

（一）实验目的与设计

实验 3 的目的旨在验证规范压力是否会调节企业社会责任类型与企业社会责任模仿策略的交互项对消费者态度的影响，即检验 H4。具体而言，当存在规范压力时，企业社会责任类型与企业社会责任模仿策略不会对消费者态度产生交互作用；当不存在规范压力时，企业社会责任类型与企业社会责任模仿策略才会对消费者态度产生交互作用。

此次实验为 2（企业社会责任类型：公共性企业社会责任 VS 技术性企

业社会责任)×2（企业社会责任模仿策略：感知高相似性 VS 感知低相似性)×2（规范压力：有 VS 无）被试间设计。本实验的被试均来自某高校的在读本科生，共 280 名某高校的本科生参与了本次实验，在剔除没有完整填写相关题项的被试后，有效的被试人数为 260 名，其中男性 94 名、女性 166 名。所有的被试被随机分配到 8 种不同的实验情境中。

（二）实验过程

本书的刺激材料主要基于中国银行、中国农业银行等银行机构真实的新闻报道。为了避免被试猜测到研究目的，在研究正式开始之前，被试被告知正在进行一项有关企业新闻事件的调查。首先，被试被要求想象其正在阅读一份可信任的报纸，恰好浏览到了一则有关银行业的新闻报道。具体内容如下：Sealak、Gtraco、Berbix 是著名的银行机构。世界顶级咨询机构麦肯锡发布的《2018—2019 年度银行业企业社会责任调查与咨询报告》显示：2018—2019 年，Sealak、Gtraco、Berbix 都积极承担社会责任。

在公共性企业社会责任情境下，该咨询报告的主要内容：2018 年，Sealak 和 Gtraco 将企业社会责任重心放在关爱农村留守儿童方面。2018 年 1—6 月，Sealak 和 Gtraco 在行业内率先进行了以“关爱农村留守儿童”为主题的公益活动。在公共性企业社会责任和感知高相似性的模仿策略情境下，该咨询报告显示：2018 年，Berbix 企业社会责任的重点内容为关爱农村留守儿童。2018 年 8—11 月，Berbix 将公益重心放在“关爱农村留守儿童”方面；而在公共性企业社会责任和感知低相似性的模仿策略情境下 Berbix 则将公益重心放在“救助先天性心脏病患者”方面。

在技术性企业社会责任情境下，该新闻报道的主要内容：2018 年，Sealak 和 Gtraco 将企业社会责任重心放在提升消费者服务体验方面。2018 年 1—6 月，Sealak 和 Gtraco 在行业内率先推出了新版手机银行。在技术性企业社会责任和感知高相似性的模仿策略情境下，该咨询报告显示：2018 年，Berbix 企业社会责任的重点内容为提升消费者服务体验。2018 年 8—11 月，Berbix 开发了最新版的手机银行。在技术性企业社会责任和感知低相似性的模仿策略情境下，Berbix 公司则将企业社会责任重心放在保障金融产品安全方面。

本书在借鉴 Leonidou 和 Skarmeas（2017）研究的基础上对规范压力进行操纵，在规范压力组，被试被告知据麦肯锡咨询对普通公众的调查：超过82%的普通公众认为“关爱农村留守儿童”或“提升消费者服务体验”是目前银行机构应当承担的社会责任。在不存在规范压力组，被试并没有被告知其他信息。

之后，所有被试对相关变量的量表进行评价，并填写了与个人相关的信息。

（三）变量测量

被试被要求对Berbix的品牌态度、企业和企业社会责任的感知一致性、企业社会责任事件的熟知度、企业社会责任事件的重要性、规范压力感知、公共性企业社会责任或技术性企业社会责任的感知、企业社会责任模仿的程度进行评价。

基于Lee等（2018）及Leonido和Skarmeas（2017）的研究，本书测量了被试感知到的规范压力，具体题项为“我认为银行机构应该承担关爱农村留守儿童/提升消费者服务体验的社会责任”“我认为银行机构承担关爱农村留守儿童/提升消费者服务体验的社会责任是必要的”“我期望银行机构承担关爱农村留守儿童/提升消费者服务体验的社会责任”。

本书对被试有关Berbix公司的品牌态度、企业和企业社会责任的感知一致性、企业社会责任事件的熟知度、企业社会责任事件的重要性、规范压力感知、公共性企业社会责任或技术性企业社会责任的感知、企业社会责任模仿的程度、企业社会责任事件熟悉度、企业与企业社会责任事件的一致性、企业社会责任事件重要性的测量同实验2。

（四）研究结果与讨论

本书对相关量表进行了信度分析，结果显示各个变量量表Cronbach's α系数均高于0.7，信度达到要求。单样本t检验显示：在公共性企业社会责任情境下，被试对公共性企业社会责任的感知得分明显高于平均值［$M=5.565>4$，$SD=0.839$，$t(131)=21.345$，$p<0.001$］，这表明本书对公共性企业社会责任的操纵成功；在技术性企业社会责任情境下，被试对技术性企业社会责任的感知得分明显高于平均值［$M=5.098>4$，$SD=0.951$，$t(128)=13.122$，$p<0.001$］，这表明本书对技术性企业社会责任的操纵成功。

独立样本t检验表明：相比感知低相似性的模仿策略情境，在感知高相似性的模仿策略情境下，被试认为Berbix所进行的活动与Sealak、Gtraco

所进行的活动之间相似性程度更高［$M_{感知高相似性}=5.409$，$SD_{感知高相似性}=1.204$；$M_{感知低相似性}=3.711$，$SD_{感知低相似性}=1.578$，$t(258)=9.773$，$p<0.001$，Cohen's $d=1.210$］，这表明本书对企业社会责任模仿策略的操纵成功。相比无规范压力情境，在规范压力情境下，被试规范压力感知的得分更高［$M_{规范压力}=5.462$，$SD_{规范压力}=0.937$；$M_{无规范压力}=4.656$，$SD_{无规范压力}=1.111$，$t(258)=6.316$，$p<0.001$，Cohen's $d=0.784$］，这表明本书对规范压力的操纵成功。

本书对消费者对 Berbix 品牌的态度作为因变量，2（企业社会责任类型：公共性企业社会责任 VS 技术性企业社会责任）×2（企业社会责任模仿策略：感知高相似性 VS 感知低相似性）×2（规范压力：有 VS 无）作为自变量进行了方差分析。结果显示：企业社会责任类型与企业社会责任模仿策略会对消费者品牌态度产生交互影响［$F(1, 252)=21.844$，$p<0.001$，$\eta^2=0.065$］。为了控制其他干扰变量的影响，本书对消费者对 Berbix 品牌的态度作为因变量，2（企业社会责任类型：公共性企业社会责任 VS 技术性企业社会责任）×2（企业社会责任模仿策略：感知高相似性 VS 感知低相似性）×2（规范压力：有 VS 无）作为自变量，消费者对企业社会责任事件的熟悉度、企业与企业社会责任事件的一致性、企业社会责任事件的重要性、性别作为协变量进行了方差分析。结果再次表明企业社会责任类型与企业社会责任模仿策略会对品牌态度产生交互影响［$F(1, 248)=18.667$，$p<0.001$，$\eta^2=0.075$］。实验结果表明 H4 成立。

进一步简单效应分析表明：在规范压力情境下，当企业社会责任为公共性企业社会责任时，相比感知高相似性的模仿策略，企业实施感知低相似性的模仿策略，被试会对品牌产生更加消极的态度（$M_{感知高相似性}=5.354$，$SD_{感知高相似性}=0.834$；$M_{感知低相似性}=4.029$，$SD_{感知低相似性}=1.135$，$p<0.001$，Cohen's $d=1.330$）；当企业社会责任为技术性企业社会责任时，相比感知高相似性的模仿策略，企业实施感知低相似性的模仿策略，被试会对品牌产生更加消极的态度（$M_{感知高相似性}=5.424$，$SD_{感知高相似性}=0.742$；$M_{感知低相似性}=4.344$，$SD_{感知低相似性}=1.370$，$p<0.001$，Cohen's $d=0.980$）。另外，在规范压力情境下，以企业社会责任类型和企业社会责任模仿策略为自变量，品牌态度为因变量进行方差分析，结果显示 $F(1, 126)=0.440<1$，$p=0.580$。这进一步表明企业社会责任类型与企业社会责任模仿策略不

会对品牌态度产生交互影响，H4a 成立（见图 5-4）。

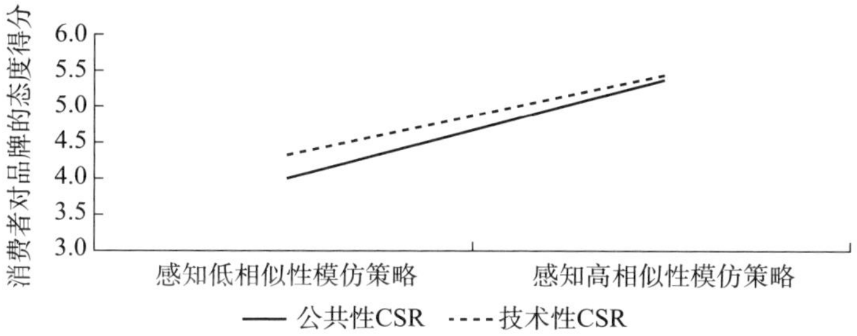

图 5-4　规范压力情境下企业社会责任类型和企业社会责任模仿策略对消费者品牌态度的影响

通过简单效应分析，在不存在规范压力的情境下，当企业社会责任类型为公共性企业社会责任时，相比感知高相似性的模仿策略，企业实施感知低相似性的模仿策略，被试会对品牌产生更加积极的态度（$M_{感知高相似性}=4.049$，$SD_{感知高相似性}=1.135$；$M_{感知低相似性}=5.140$，$SD_{感知低相似性}=0.942$，$p<0.001$，Cohen's $d=1.046$）；而当企业社会责任类型为技术性企业社会责任时，相比感知高相似性的模仿策略，企业实施感知低相似性的模仿策略，被试会对品牌产生更加积极的态度（$M_{感知高相似性}=5.283$，$SD_{感知高相似性}=0.782$；$M_{感知低相似性}=4.198$，$SD_{感知低相似性}=1.224$，$p<0.001$，Cohen's $d=1.056$）。另外，在不存在规范压力情境下，以企业社会责任类型和企业社会责任模仿策略为自变量，品牌态度为因变量进行方差分析，结果显示 $F(1, 126)=35.831$，$p<0.001$。这进一步表明企业社会责任类型与企业社会责任模仿策略会对消费者品牌态度产生交互影响，H4b 成立（见图5-5）。

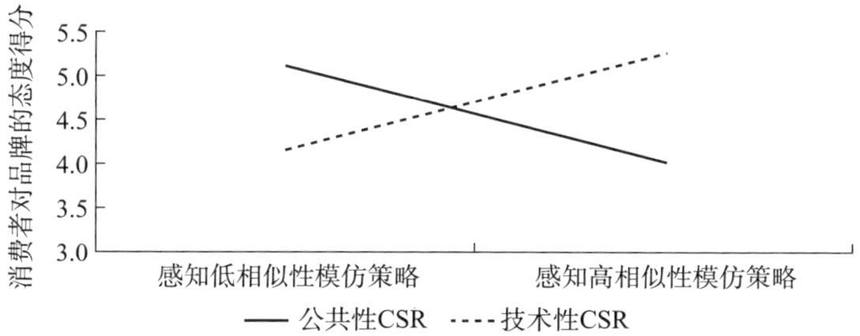

图 5-5　无规范压力情境下企业社会责任类型和企业社会责任模仿策略对消费者品牌态度的影响

（五）研究讨论

实验3验证了规范压力会调节企业社会责任类型与企业社会责任模仿策略的交互项对消费者品牌态度的影响。当存在规范压力时，在公共性企业社会责任和技术性企业社会责任的情境下，相比感知高相似性的模仿策略，如果企业实施感知低相似性模仿策略，那么消费者会产生更加消极的品牌态度。当不存在规范压力时，在技术性企业社会责任的情境下，相比感知高相似性的模仿策略，如果企业实施感知低相似性的模仿策略，那么消费者会产生更加消极的品牌态度；在公共性企业社会责任的情境下，相比感知高相似性的模仿策略，企业实施感知低相似性的模仿策略，消费者会产生更加积极的品牌态度。实验3指明了企业社会责任类型与企业社会责任模仿策略对消费者品牌态度产生交互影响的边界条件，即是否存在规范压力。

第四节　企业履责中的同行模仿策略研究讨论

一、研究结论

企业在实际决策情境中通常会同时面临着同构和异质的双重压力（Deephouse，2016；Zhao et al.，2017）。在企业履行社会责任以进行利益相关者关系管理和企业形象管理的这一具体情境下，企业应该何时采取同构策略从而获得合法性认同？应该在何时采取异质策略进而获得竞争优势？这是一个尚未被理论详细解答的问题。企业社会责任之所以会在履责对象、行为、目的、主题等方面产生多样化差异的重要原因是利益相关者的不同。因此，基于上述原因，本书从利益相关者视角借鉴以往研究对企业社会责任进行划分，进而对上述问题进行解答。具体如下：

本书进一步明确了企业社会责任模仿策略与消费者态度之间的关系。从消费者视角探讨了企业社会责任模仿策略与消费者态度之间的关系，并通过田野实验和实验室实验证实了企业社会责任类型与企业社会责任模仿策略的交互项会对消费者态度产生影响。具体而言，当企业社会责任类型为技术性企业社会责任时，相比感知高相似性的模仿策略，企业实施感知低相似性的模仿策略，消费者会有更加消极的态度；当企业社会责任类型为公共性企业社会责任时，相比感知高相似性的模仿策略，企业实施感知低相似性的模仿策略，消费者会有更加积极的态度。

本书揭示了企业社会责任类型与企业社会责任模仿策略对消费者态度产生交互影响的内在机制。在消费者视角下，本书从利益相关者理论出发，将企业社会责任划分为技术性企业社会责任和公共性企业社会责任进行探讨，通过实验法证实了合法性认同和利他性归因是这一交互影响过程的内在机制。具体而言，在技术性企业社会责任的情境下，相比感知高相似性的模仿策略，企业实施感知低相似性的模仿策略会降低消费者对企业的合法性认同，进而降低消费者的积极态度；在公共性企业社会责任的情境下，相比感知高相似性的模仿策略，企业实施感知低相似性的模仿策略会提高影响消费者的利他性归因，进而提高消费者的积极态度。

本书证实了规范压力会调节企业社会责任类型与企业社会责任模仿策略对消费者态度的交互影响。从消费者视角来看，由于消费者对技术性企业社会责任和公共性企业社会责任的感知不同，因此企业社会责任类型与企业社会责任模仿策略会对消费者态度产生交互影响。但若存在规范压力时，公共性企业社会责任也会被消费者认为是企业应该履行的一种责任。因此，在这种特殊的情况下，企业社会责任类型与企业社会责任模仿策略不会对消费者态度产生交互影响。

二、理论意义

（一）本书推动了消费者视角下企业社会责任的相关研究

从消费者认知视角来看，以往企业社会责任的学术研究主要集中于探讨企业社会责任的目的（Becker-Olsen et al.，2006）、企业社会责任的地理位置（Russell et al.，2010）、企业社会责任活动与企业的感知一致性（Lee et al.，2012）、企业社会责任联想（Biehal and sheinin，2007）、企业社会责任信息来源（Gruber et al.，2017）等对消费者态度的影响。但本书认为企业社会责任模仿策略也会对消费者态度产生影响。本书则将研究视角切换到整个行业，认为同行业的竞争企业所从事的企业社会责任行为可能会影响单个企业实施企业社会责任的效果，丰富了企业社会责任影响消费者态度的相关研究。

在消费者视角下，有关企业社会责任影响消费者态度的研究主要从单个企业视角进行，且大量研究将企业社会责任单维化（Palihawadana et al.，2016）。但企业社会责任的概念非常复杂，不能一概而论（Mishra and Modi，2016）。正是由于利益相关者理论对企业产权关系和社会契约理论的重新演绎，才使得企业履行社会责任不仅仅是追求股东利润的最大化具有了理论的合理性。因此，本书从利益相关者理论出发，将企业社会责任分为技术性企业社会责任和公共性企业社会责任，推动了消费者视角下企业社会责任多维化的研究。本书认为技术性企业社会责任更倾向于企业的一种基本义务，可以当作消费者对企业道德与否评价的一个保健因素，其是企业获得道德声誉的重要前提。即便企业进行技术性企业社会责任，也不会让消费者认为其是道德，而只会让消费者对企业产生“没有不道德”的评价，但如果企业不履行技术性企业社会责任，企业就会被认为是不道德的，丧失消费者对于企业的合法性认同。相反，公共性企业社会责任更容易被消费者感知为一种主动利他行为，可以当作一个激励因素，不履行公共性企业社会责任只会让消费者认为其“没有道德”，不会评价其“不道德”，但如果企业履行了公共性企业社会责任，则可能会获得“道德”评价。

（二）本书有助于深化学术界对于企业社会责任模仿策略的认知

近期有相关研究发现，中国同行业内企业社会责任具有明显的“传染”或“攀比”的特征（刘计含和王建琼，2017）；同一行业的企业社会责任网络具有“传染”效应，个体企业可由于同行内其他企业的社会责任行为而改变自己的社会责任行为（刘柏和卢家锐，2018）。虽然这些研究都表明同行业内竞争企业之间的企业社会责任行为存在模仿现象，但目前很少有文献对这一现象进行评述。企业社会责任模仿策略是否对本企业都有利？消费者会怎样评价本企业与竞争企业社会责任之间存在的相似性？本书从企业社会责任内容相似性的角度出发，对企业社会责任模仿这一现象进行深入评价，并解释了这一效应的内在机制，有助于深化学术界对企业社会责任模仿策略的认知。另外，从制度经济学视角来看，企业必须采用适当的差异化定位，以努力平衡同构压力和竞争压力。本书在企业社会责任这一决策情境下验证了该观点并为企业管理者提出了具体可行的策略，丰富了有关如何平衡同构压力和竞争压力的学术研究。

（三）本书丰富了大众影响企业捐款现象的相关研究，并从利益相关者视角出发，证实这一现象是规范压力所致

若存在规范压力时，企业必须与大众所期望的行为保持一致，积极履行公共性企业社会责任，否则将会对消费者态度产生严重的负面影响。黄敏学等（2008）认为在一些重大的社会紧急事件中，企业被迫捐款的现象比较容易发生，并运用扎根理论对这一现象进行了分析。本书通过实验法证实了这一现象的原因是规范压力的存在。以往的研究认为如果不采取对首要利益相关者的企业社会责任行为即技术性企业社会责任，则企业可能会丧失合法性认同，进而遭受到严重的制裁和损失（骆紫薇等，2017）。本书认为不仅不履行技术性企业社会责任会产生上述影响，而且在某些特殊的公共性企业社会责任的情境下，也会产生相似的影响。如果存在规范压力，公共性企业社会责任也会被消费者认为是企业应该履行的责任。如果企业不履行相关的责任，则会受到严厉的制裁。

三、管理启示

（一）企业在进行企业社会责任决策时应该依据企业社会责任类型的不同动态平衡同构和异质的双重压力

在技术性企业社会责任情境下，企业应该“见贤思齐”，以应对获得合法性认同的同构压力。当行业内多数竞争企业在开展相似的技术性企业社会责任活动时，企业应该选择感知高相似性的模仿策略，否则会产生更加消极的消费者态度。企业管理者应区别对待企业社会责任活动的类型，在管理技术性企业社会责任活动的过程中，企业应密切关注多数竞争企业进行的技术性企业社会责任活动，尽量选择感知高相似性的模仿策略，从而保持或增加消费者对企业的合法性认同，进而维系消费者的积极态度。

然而，在公共性企业社会责任情境下，企业应该“卓尔不群”，以处理创建竞争优势的异质压力。在管理公共性企业社会责任活动的过程中，企业应避免和多数竞争企业进行相似的公共性企业社会责任活动，应该选择感知低相似性的模仿策略，将同等的资源投入不同的公共性企业社会责任活动中，从而提高消费者的利他性归因和积极态度，以更好地进行有利于“社会、企业、消费者”三方的企业社会责任活动，增强企业社会责任

的可持续性。

（二）在企业社会责任实践中，企业应该更加重视技术性企业社会责任的得当履行

企业应该将其维系和首要利益相关者，如消费者等之间关系的行为视为一种企业必须主动履行的社会责任，而不仅仅是一种追求利润最大化的商业工具，从而在企业经营过程中更主动地规避自身的越轨行为，比如每年“3·15”晚会爆出的大量知名企业为了自身的商业利益而有悖于消费者利益的行为。另外，企业应该明白技术性企业社会责任可以帮助企业获得合法性，是企业赢得道德声誉的保健因素；如果企业非常重视公共性企业社会责任，即向次要利益相关者履行企业社会责任，而不重视对技术性企业社会责任，即向首要利益相关者履行企业社会责任，此时其很有可能不会获得道德声誉，可能会得不偿失。

（三）企业在基础的企业社会责任即技术性企业社会责任履行得当的基础上，可以根据自身的状况和实际需求，进行不同的企业社会责任活动

不同的企业社会责任活动对消费者感知的影响不同。如果企业的目的是维持或提高消费者对企业的合法性认同，那么企业应该将有限的资源更多地投入技术性企业社会责任活动中；如果企业的目的是提高企业的道德声誉，则此时企业需要将更多的资源投入公共性企业社会责任活动中。

（四）企业在履行社会责任时，要注重经营环境是否存在规范压力

若存在规范压力，如当地震、疫情等灾害来临时，很多社会公众都希望企业尤其是大型企业向灾区捐赠物资。此时，企业只有履行该项社会责任才符合全体社会的共同规范，那么不论企业社会责任为何种类型，企业都应该“见贤思齐”即实行感知高相似性的模仿策略。

四、研究局限性与未来研究展望

本书验证了企业社会责任类型和企业社会责任模仿策略的错配会对消费者态度产生影响及合法性认同和利他性归因在这一影响过程中的中介作用，同时本书证明了规范压力对这一交互影响的调节作用。但其中也存在些许不足之处，希望未来研究可以进一步予以补充：第一，在实验被试上，本书选取的研究对象主要是在校学生，他们对于企业社会责任的感知相对不成熟，未来研究可以将研究对象扩充到不同职业和不同工作职位级别的消费者，来提升实验的外部效度。第二，本书在田野实验中使用爬虫技术获得并分析了相关二手数据，并对本书的研究结论进行了初步验证。但由于是田野研究，并没有严格控制其他可能干扰变量的影响。未来研究可采用其他田野研究的方法，更精确地验证本书的结论。第三，除了合法性认同和利他性归因作为中间变量，未来研究还可探讨是否存在其他中间机制可以解释企业社会责任类型与企业社会责任模仿策略对消费者态度所产生的交互影响。

第六章
企业社会责任的善因营销

善因营销是基于慈善因素而展开的营销活动。它和公共性企业社会责任有很多行为上的相似性，其不同在于，公共性企业社会责任是建立在利益相关者理论视角上对企业社会责任的一种分类，而善因营销则是一种特殊的营销类型，它试图在产品的功能价值、心理价值和社会价值之外，进一步满足消费者的第四种价值——道德伦理价值。比如，牙膏能防止龋齿，这是功能价值；穿香奈儿的衣服，满足自己是优雅女性的自我确认，这是心理价值；开法拉利车，向他人展示自己的财力，这是社会价值。那么，购买伴有慈善事件的产品，比如每买一瓶洗发水，就向失学儿童捐一分钱，满足了消费者行善的需要，这是道德伦理价值。善因营销有利于企业对首要利益相关者——消费者进行关系管理，同时也是企业履行社会责任的有效形式之一。本章将系统地梳理善因营销的双重后果、实施成功的五个影响因素和发挥作用的五种理论解释，帮助企业更好地从事善因营销，同时推动善因营销的学术发展。

第一节 善因营销的双重后果

Varadarajan 和 Menon（1988）提出，企业采用善因营销主要有两个目的：一是支持社会慈善事业；二是提高公司营销绩效。通过梳理善因营销领域的相关文献发现，一方面，善因营销可以促使消费者产生积极的企业评价，提高消费者的产品购买意愿；另一方面，善因营销活动如果运用不好，也会产生较为严重的负面效应。本书从消费者角度，对善因营销对消费者态度的作用效果进行分类，将其分为正面效果和负面效果两个方面。

一、善因营销对消费者态度的正面影响效果

在广告中如果品牌宣称其正在支持善因事件，这种信息会让消费者产生积极的情感（Huertas-García et al.，2017）。Andrews 等（2014）指出善因事件可提供给消费者自我满足及产生积极情绪的感觉。许多研究（如 Koschate-Fischer et al.，2012；Baghi et al.，2009；Mcwilliams and Siegel，2001）都表明善因营销对消费者态度会产生正面影响，这也是大量企业进行善因营销活动的重要原因之一。本书从消费者的购买意愿、消费者对企业的态度两方面来分析善因营销对消费者态度的正面影响效果。

在大多数情况下，善因营销会对消费者的产品购买意愿产生积极影响。比如，感知企业利他动机会积极影响消费者的品牌选择和产品评价（Barone et al.，2000；Moosmayer and Fuljahn，2013）。善因事件也会对消费者的产品购买意愿产生积极影响，Hou 等（2008）认为善因事件的重要性会积极影响消费者的购买意愿，感知善因事件重要性的提升会导致购买意愿的提高。在与善因营销相关的广告中，品牌与善因事件的契合度会引起消费者有效的回应，从而会产生购买意愿（Huertas-García et al.，2017）。Bester 和 Jere（2012）发现消费者对善因事件的卷入度也会积极地影响消费者的态度和购买意愿。另外，Barone 等（2000）指出在产品价格相差不大的情况下，企业若是实施善因营销则会增强自己的竞争优势，从而提高产品被消费者选中的概率。相较实用型产品，当面对与善因营销相关的享乐型产品时，会更容易激发消费者的情感，进而提高消费者的选择（Guerreiro et al.，2015）。在善因营销中捐赠的数量越多，越会导致消费者产生更高的支付意愿（Koschate-Fischer et al.，2012）。

从消费者对企业的态度方面来看，企业越来越多地采用善因营销来增强消费者的善意和提高企业的形象（Koschate-Fischer et al.，2012）。Rifon 等（2004）表明更高的企业与善因事件契合度可以积极地影响消费者对赞助企业的信任和态度。公司投资于企业社会责任，类似于建立一个善意的储备库，需要把企业社会责任看作长期的战略性投资，在这些品牌上进行

社会责任投资可能转化为长期的积极效果，如忠诚和支持行为（Torelli et al.，2012）。Mcwilliams 和 Siegel（2001）认为，善因营销能够帮助企业树立值得信任的形象，提高消费者对产品的感知质量。将企业的社会责任与营销战略加以匹配，希望通过社会责任的履行来提高企业和品牌的接受度和美誉度，这符合善因营销的做法（Baghi et al.，2012）。相比国际性的，善因事件为当地的或全国范围时，消费者会对善因事件有更高的认同，进而积极影响企业形象（Vanhamme et al.，2012）。

善因营销不仅可以向消费者提供基本的产品效用，而且可以使消费者产生良好的自我感觉。所以在一般情况下，善因营销会对消费者的态度产生积极的影响。这一影响在短期效果方面主要体现为消费者购买意愿的提高。从长期效果方面来看，消费者会对发起善因营销活动的企业产生更加积极的态度，从而提高企业的声誉和形象。

二、善因营销对消费者态度的负面影响效果

与常见的双赢观点不同，在某些情况下，善因营销会产生相反的、意想不到的影响（Grolleau et al.，2016）。从消费者角度来看，如果运用不当，善因营销会对消费者的态度以及企业的利益产生严重的负面影响。本书将从消费者怀疑（Chang and Cheng，2015；Elving，2013）、消费者的购买意愿（Müller et al.，2014；Chang and Cheng，2015）、消费者对企业的态度（Rifon et al.，2004；Singh et al.，2009）三方面系统地梳理善因营销对消费者态度的负面影响效果。

在善因营销活动中，消费者怀疑通常与消费者感知到的企业动机有关（Barone et al.，2000，2007；Chang and Cheng，2015）。Elving（2013）认为消费者经常会对企业的社会责任沟通产生怀疑，企业先前负面的声誉以及低的企业与善因事件契合度会导致消费者对企业参与善因营销动机产生怀疑。也有研究表明在善因营销活动中，当消费者难以判定善因营销的声称时，消费者对广告的怀疑程度会更高（Singh et al.，2009）。Chang 和 Cheng（2015）从消费者心理特质的角度解释消费者对有关善因营销广告的怀疑，当消费者拥有更高的实用主义导向和更多的个体主义思维时，消费者会增加对善因营销广告的怀疑。

如果运用不当，善因营销可能会对消费者的购买意愿产生负面影响。

在善因营销中，消费者对企业动机的感知会影响其购买企业产品或服务的意愿，消费者对企业动机的怀疑会对购买意愿产生负面影响（Elving，2013）。当企业拥有负面的企业社会责任声誉时，相比不捐赠，低水平的捐赠会对消费者的购买意愿造成更大的损害（Müller et al.，2014）。相比集体主义思维者，具有更高个人主义思维的消费者会增加对善因营销相关广告的怀疑，从而降低购买意愿（Chang and Cheng，2015）。

另外，善因营销也可能会对企业的利益造成严重的损害，这主要体现在消费者可能会对实施善因营销活动的企业产生负面的态度，进而影响企业在市场中的良好形象。如果消费者将善因营销归因成企业自我服务动机（如增加利润或增强企业声誉），消费者会倾向于不信任企业及对赞助企业产生不利的态度（Rifon et al.，2004）。在参与善因营销活动的过程中，感知企业动机会影响消费者的品牌评价，感知自利动机会有严重的负面影响（Barone et al.，2000，2007）。如果消费者感知到善因营销活动的动机不真诚，品牌的形象会受到影响和消费者的忠诚度会有所下降（Pharr and Lough，2012）。也有研究表明在善因营销活动中，广告的效果会被消费者对广告的怀疑影响，这会导致对企业负面的态度（Singh et al.，2009）。

总之，在企业拥有负面的声誉、低的企业与善因事件契合度、消费者感知企业利己动机等情境下，善因营销可能会对消费者态度产生负面的影响，这一负面影响主要体现为善因营销会增加消费者的怀疑、降低消费者的购买意愿、促使消费者对企业产生负面的态度。

综上所述，善因营销对企业来说是一把“双刃剑”。大部分企业进行善因营销活动的目的是借助消费者对善因事件的好感，来提高消费者对企业和产品的好感度。在大多数情况下，善因营销可以提高消费者对产品的购买意愿以及对企业的评价，这也是企业发起善因营销活动的重要原因。但这种方式并不总是有效，如果在不适当的情况下，面对不合适的消费者群体进行善因营销，会产生较为严重的负面影响。企业不可以随意开展善因营销活动，在此之前必须全面考虑善因营销活动中影响消费者态度的要素，结合企业、消费者、产品、善因事件等具体情况，进而设计出对企业、社会、消费者三方都有利的善因营销活动。

第二节 善因营销成败的五个决定因素

善因营销是企业制定和实施营销活动的过程，其特点是当顾客参与满足组织和个人目标的产品交换时，企业将其产品销售收益中一定数目或比例的金额捐赠给特定的非营利性组织，并用于支持相关公益事业的过程（Varadarajan and Menon，1988）。善因营销可以看作一种将慈善和促销融为一体的企业活动，它的目的是增强企业的社会效益（如企业的声誉等）或经济效益（如企业的利润水平等）。但在开展善因营销活动的过程中，企业也真正地帮助了那些需要帮助的社会事件，为社会创造了福利。另外，在善因营销活动中购买善因事件的产品能够给消费者带来“改变世界”的感觉，这可以为消费者创造和增加价值（Porter and Kramer，2011）。

本书将善因营销中消费者态度的影响因素分为五个方面：企业自身（Lafferty，2007；Moosmayer and Fuljahn，2013；He et al.，2016）、善因事件（Hou et al.，2008；Vanhamme et al.，2012）、企业与善因事件的契合度（Rifon et al.，2004；Huertas-García et al.，2017）、产品特点（Strahilevitz and Myers，1998；Guerreiro et al.，2015；江若尘和郑玲，2017）、消费者特征（Bester and Herr，2012；Kerra and Das，2013）。

一、企业自身

企业作为善因营销活动的发起者和实施者，在善因营销活动中起着重要的作用。企业自身的特点会影响到消费者的态度。具体来说，在善因营销中，企业自身原有的形象、声誉等会对消费者的态度产生重要的影响，如 Lafferty（2007）研究发现消费者感知到的企业声誉会影响善因营销活动，感知企业可靠性正向影响消费者的态度。企业的社会责任行为会影响消费者满意度从而影响消费者的购买意愿，但这种机制会受到企业能力的正向影响（Luo and Bhattacharya，2006）。He 等（2016）也发现已有的品牌社会责任形象会正向影响消费者对善因营销产品的购买意愿，当企业已有的社会责任形象更积极时，道德身份中心性更能够影响消费者对善因营销的反应。另外，在善因营销中消费者感知企业动机的不同也会影响消费者的态度。消费者感知企业利他动机会正向影响消费者的品牌选择和产品评价（Barone et al.，2000；Moosmayer and Fuljahn，2013）。然而，如果消费者将企业的善因营销活动归因于自我服务动机（如增加利润或公司声誉），他们可能会对企业产生不信任和负面的态度（Rifon et al.，2004）。

二、善因事件

善因营销的特点是消费者在进行日常消费的同时也能够参与到善因事件当中。善因事件可提供给消费者自我满足感及积极情绪（Andrew et al.，2014）。由于善因事件是消费者参与善因营销活动的重要原因之一，同时善因事件也可以带给消费者积极的情绪体验，因此在善因营销活动中善因事件的不同会对消费者的态度产生重要影响。在善因营销已有的学术研究中，有学者指出，善因事件的重要性会积极影响消费者的购买意愿，感知善因事件重要性的提高会导致购买意愿的提高（Hou et al.，2008）。Vanhanme 等（2012）发现善因事件的紧急性会影响消费者的认同。另外，善因事件的远近也会影响消费者的态度。如果善因事件是当地的，即便消费者有低的善因参与度，也会增强善因营销活动的态度（Grau and Folse，2007）。

三、企业与善因事件的契合度

品牌与善因事件的联合是为了将消费者在支持善因事件中产生的积极情绪转移给品牌（Grohmann and Bodur，2015）。企业、善因事件和消费者是善因营销活动中的重要主体，各个主体之间的协调配合对善因营销的成功会产生重要的影响。在善因营销活动中，消费者的态度会受到企业与善因事件契合度的影响，通常来说，企业与善因事件的契合度对消费者的态度有正向影响。如 Rifon 等（2004）的研究表明更高的企业与善因事件契合度能够积极影响消费者对赞助企业的信任和态度。Barone 等（2007）也发现高的企业与善因事件契合度能够积极影响善因营销的效果。在研究善因营销广告时，Huertas-García 等（2017）从战略角度提出了企业的品牌与善因事件契合度的五个维度，即口号契合、任务契合、目标契合、促销契合、地理位置契合，并指出任意一个维度都会对消费者的情感反应产生积极作用。

四、产品特点

善因营销往往是企业根据消费者购买或使用产品的行为，对善因事件进行捐赠和资助的活动。在善因营销活动中，产品也是消费者关注的重要目标之一。产品的特点也会影响善因营销中消费者的态度。Strahilevitz 和 Myers（1998）指出，相比实用型产品，企业对享乐型消费品进行善因营销时更能引起消费者的购买意愿，这主要是因为消费者通过善因营销活动既可以购买自己喜欢的享乐型产品，又能够通过对他人的帮助来减轻自己购买该产品所产生的罪恶感。相比实用型产品，当面对与善因营销相关的享乐型产品时，会更容易激发消费者的情感，进而提高消费者的选择（Guerreiro et al.，2015）。Barone 等（2007）指出在企业产品与其他竞争产品价格相差不大的情况下，企业若是实施善因营销可以增强自己的竞争优势，从而提高产品被消费者选中的概率，然而若产品价格相差较大，善因营销则不会起到特别的作用，除非企业实施善因营销的动机具有很大的优势才会在一定程度上带动消费者的购买欲望。另外，在善因营销中，相比低捐赠水平，消费者对高捐赠水平的产品会产生更积极的态度（江若尘和郑玲，2017）。

五、消费者特征

消费者态度最终是由消费者自身加工形成的，消费者作为善因营销活动中的参与方和评价方，消费者特征也会影响消费者对善因营销的态度。本书将善因营销中消费者特征归纳为三个方面，即消费者与善因营销活动的关系、消费者参与善因营销活动的动机和需要、消费者的个人特质。消费者与善因营销活动的关系是影响消费者态度的重要因素。Bester 和 Herr（2012）发现消费者对善因事件的卷入度会积极地影响消费者的态度和购买意愿。消费者对组织善因营销广告的熟知度能减少对声称的怀疑（Singh et al.，2009）。消费者—善因事件的匹配度，消费者—公司的匹配度对消费者态度产生积极影响（Chowdhury and Khare，2011；Vanhamme et al.，2012）。消费者参与善因营销活动的动机和需要是影响消费者态度的另一个重要因素。善因营销活动中消费者的道德情感与产品购买意愿相关，在善因营销活动中消费者也会受益，因为他们被提供机会用以满足他们的自尊、自我满意和荣誉的需要（Kim and Johnson，2013）。Kerra 和 Das（2013）的研究表明，更高认可度需要的消费者对确切捐赠数额的善因营销活动，产生更强的购买意愿；Koschate-Fischer 等（2012）在研究消费者的温暖光辉动机（Warm-glow-motive）时发现，这一动机能够调节捐赠数额对支付意愿的影响。另外，消费者的个人特质也是影响消费者参与善因营销活动的重要因素。Moosmayer 和 Fuljahn（2010）的研究表明，在善因营销活动中相比男性，女性对企业的行为有更加积极的感知。个人主义思维也会正向引起消费者对善因营销广告的怀疑，消费者的性别差异同样会对上述关系产生影响（Chang and Cheng，2015）。Aquino 等（2009）的研究发现，具有更强的道德身份的参与者将更支持善因营销活动的品牌，尤其是当道德身份的获得被启动时。

善因营销中消费者态度的影响因素如表 6-1 所示。

表 6-1　善因营销中消费者态度的影响因素

影响因素	主要研究结论	文献来源
企业自身	消费者感知企业可靠性正向影响消费者的态度	Lafferty（2007）
	企业的社会责任行为会影响消费者的购买意愿，但这种机制会受到企业能力的正向影响	Luo 和 Bhattacharya（2006）
	品牌社会责任形象会正向影响消费者对善因营销产品的购买意愿	He 等（2016）
	消费者感知到企业的利他动机会正向影响消费者的品牌选择和产品评价	Barone 等（2000）；Moosmayer 和 Fuljahn（2013）
	如果消费者将企业的善因营销活动归因于自我服务动机，他们可能会对企业产生不信任和负面的态度	Rifon 等（2004）
善因事件	感知善因事件重要性的提高会导致购买意愿的提高	Hou 等（2008）
	善因事件的紧急性会影响消费者的认同	Vanhanme 等（2012）
	如果善因营销事件是当地的，即便消费者有低的善因参与度，但对善因营销活动的态度也会增强	Grau 和 Folse（2007）
企业与善因事件的契合度	企业与善因事件更高的契合度能够积极影响消费者的态度	Rifon 等（2004）；Barone 等（2007）
	契合度分为五个维度，任意一个维度都会对消费者的情感反应产生积极作用	Huertas-García 等（2017）

续表

影响因素	主要研究结论	文献来源
产品特点	相比实用型产品，企业对享乐型消费品进行善因营销时更能引起消费者的购买意愿	Strahilevitz 和 Myers（1998）；Guerreiro 等（2015）
	在企业产品与其他竞争产品价格相差不大的情况下，企业若是实施善因营销可以增强自己的竞争优势	Barone 等（2007）
	相比低捐赠水平，消费者对高捐赠水平的产品会产生更积极的态度	江若尘和郑玲（2017）
消费者特征	消费者对善因事件的卷入度会积极地影响消费者的态度和购买意愿	Bester 和 Herr（2012）
	消费者对组织善因营销广告的熟知度能减少对声称的怀疑	Singh 等（2009）
	消费者—善因事件的匹配度，消费者—公司的匹配度对消费者态度产生积极影响	Chowdhury 和 Khare（2011）；Vanhamme 等（2012）
	更高认可度需要的消费者对确切捐赠数额的善因营销活动，产生更强的购买意愿	Kerra 和 Das（2013）
	温暖光辉动机能够调节捐赠数额对支付意愿的影响	Koschate-Fischer 等（2012）
	在善因营销活动中相比男性，女性对企业的行为有更加积极的感知	Moosmayer 和 Fuljahn（2010）
	个人主义思维也会正向引起消费者对善因营销广告的怀疑	Chang 和 Cheng（2015）
	具有更强的道德身份的参与者将更支持善因营销活动的品牌	Aquino 等（2009）

第三节　善因营销左右消费者态度的五种理论解释

善因营销如何影响消费者态度的理论成果为善因营销的研究做出了重要的贡献，但同时也增加了善因营销相关知识的复杂性。为了系统地呈现学术研究的现状，本书首次从社会心理学视角出发，以归因理论、刺激有机体反应理论（SOR）、自我信号理论、解释水平理论、平衡理论为视角，梳理善因营销影响消费者态度的解释机制，并构建了善因营销影响消费者态度的理论解释框架。

一、归因理论（Attribution Theory ）

当消费者参与善因营销活动时，他们经常将善因营销归因于公司的内部动机（比如提高业绩），或者归因于公司的外部动机（比如支持某项善因事件是为了提供帮助），而不是归因于双重动机（Mohr et al.，2001）。Webb 和 Mohr（1988）在研究中表明：如果消费者对企业的慈善捐赠行为归于内因，消费者会对捐赠方表现出消极的态度；但如果企业的捐赠行为被归因于解决社会问题，消费者就会对该企业和产品表现出积极的态度。在消费者对善因营销活动做出回应的过程中，企业的动机起着重要的作用。消费者对企业动机的感知能够影响他们对品牌的评价，利他动机能够增强消费者对赞助品牌的反应，然而感知品牌自利动机会有意想不到的害处（Baron et al.，2000，2007）。在善因营销活动中，消费者对企业动机的不真诚感知会影响品牌的形象，降低消费者的忠诚度（Pharr and Lough，2012）。当消费者感知企业为利他动机时，他们会对善因事件进行支持，从而增加企业的销量（Youn and Kim，2018）。

归因理论主要用来阐明：消费者会通过善因营销中的一系列要素如善因事件、企业形象、捐赠额度等，对企业的相关行为和动机进行归因。如果消费者感知企业为利他动机，善因营销会对消费者态度产生积极的影响；相反，如果消费者感知企业为利己动机，则会对消费者态度产生消极的影响。总之，这一解释机制更多的是分析善因营销中的某些要素会影响消费者对企业相关行为和动机的归因，而消费者归因的结果又会对消费者的态度产生影响。这一理论不仅可以被用于解释善因营销对消费者态度的正面影响效果，而且能够被用来解释善因营销对消费者态度的负面影响效果。

二、SOR 理论（SOR Theory）

SOR（Stimulus－Organism－Response）理论即刺激—有机体—反应理论，该理论主要表明刺激是一种外在影响，它能影响人们的心理状态，从而促使其做出反应（Namkung and Jang，2010）。在一系列的心理反应过程之后，接受者会对刺激采取一种内在或者外在行为上的反应。内在反应往往是指个体态度，而行为反应通常是指接近或者回避行为（Eroglu，

Machleit and Davis，2003）。SOR 理论在消费者行为的研究中得到广泛运用，如当面对享乐选择时，消费者可能会感到内疚，从而促使购买决策产生困难（Winterich and Barone，2011）。在对善因营销的研究中，Guerreiro 等（2015）指出，对善因事件进行捐赠相当于一种特殊的刺激，这可能会影响消费者随后的行为和信息收集的过程。相比实用性产品，对享乐产品的选择会刺激消费者产生与善因相关的情感，从而实施利他行为。善因事件可促使消费者产生积极的情绪（Andrews et al.，2014），同时积极的情绪又会导致消费者对善因相关产品进行积极的回应（Kim and Johnson，2013）。

SOR 理论认为善因营销中消费者态度的影响因素主要来源于消费者所被动接受的外部刺激，如企业、善因事件等，在此基础上消费者自身会经过一系列的加工处理以产生相关的情感，进而导致相关的态度和行为。SOR 理论对于从企业、善因事件方面解释善因营销如何影响消费者态度有重要的作用，但消费者态度是消费者自主的意识，这一理论并没有很好地体现出消费者在善因营销活动中的主动性。

三、自我信号理论（Self-Signaling Theory）

近来，学者认为消费者也可以从选择中获得超越消费的价值（Gneezy et al.，2012）。人们有些参与捐赠的行为会与捐赠所释放出的社会信号相关，如 Lacetera 和 Macis（2010）指出在公共仪式中赞赏献血者的行为会提升其捐献的频率。Griskevicius、Tybur 和 Van（2010）发现人们愿意做出消费牺牲，以提高他们在相关群体中的地位。帮助他人的行为会促进个体建立亲社会的声誉，从而说明他们是可信任的（Barclay，2006）。Savary 等（2015）关注私人信号动机，探讨了选择环境会怎样影响与亲社会行为相连的自我信号以及自我信号的作用，研究发现当提及享乐产品时，选择不捐赠会意味着消费者更加自私，通过这种自我信号的传导提高消费者进行捐赠的意愿。Hanks 等（2016）对比了两种捐赠方式，即用自助服务技术和在他人面前进行捐赠对消费者参与善因营销活动的不同影响。实证研究发现，相比通过自助服务技术，在他人在场的情况下，消费者更有可能进行捐赠，因为在他人面前进行捐赠，可以展示自身的捐赠行为，是一种提高社会地位的方式。

自我信号理论的解释机制体现了消费者在善因营销活动中的主动性。

该理论认为消费者参与善因营销活动的行为是在有意识地向自己或他人释放出一种积极的信号，从而有利于消费者获得良好的自我感觉、一定的社会声誉和地位等相关利益。传统上，参与慈善捐赠的动机分为内部动机和外部动机两大类（Savary et al.，2015）。自我信号理论表明消费者想要获得社会声誉或地位等外部动机是善因营销能够影响消费者态度的内在机制，但在某些情况下消费者参与善因营销活动是出于想要帮助他人而不求任何回报的目的，比如“移情性的利他动机”。自我信号理论并不能很好地解释消费者参与善因营销活动的内在动机。

四、解释水平理论（Construal Level Theory）

解释水平理论认为对于不同的事物，消费者会进行高低两种不同水平的解释，个体会认为远距离的对象或事件是抽象的、无形的、难以观察的，而近距离的对象或事件是具体的、特定的、可观察的（Trope and Liberman，2003）。由于感知信息重要性的不同，具体或抽象的水平会导致消费者对信息回应产生差异（Hamby，2016）。不同水平的思维会影响消费者对相同对象的评价，相比处于抽象思维的个体，处于具体思维的个体会认为信息更有说服力（Trope and Liberman，2003）。Grau 和 False（2007）研究了在善因营销活动中捐赠距离（本地善因事件 VS 全国善因事件）所起的作用，表明向本地的善因事件进行捐赠能够引起更具体的思维方式。对于低卷入度的消费者而言，这是鼓励捐赠的有效方式。Hamby（2016）指出，当使用“买一捐一”这种促销方式时，消费者在生理或心理上评价产品是近距离的，同时相关的捐赠往往会被认为是具体的、及时的。解释水平理论是从消费者感知善因营销相关信息的差异方面（远距离 VS 近距离）去分析善因营销对消费者态度的影响。该理论认为，在善因营销活动中，相比远距离，当消费者感知相关信息为近距离时，善因营销更能激发消费者的具体思维，进而促使消费者产生积极的态度。

五、平衡理论（Balance Theory）

平衡理论（Heider，1958）从单个个体的视角出发，考察三者之间的关系。平衡理论认为个体总是在人际关系以及对这些人际关系的态度之间寻求平衡，三者的平衡不仅是人与人之间的，也包含事物与事物之间的。

人与人之间的关系被称为情感，而事物与事物之间的关系则被称为联结式关系（Unit relationship）（Hedier，1958）。在善因营销情境中，公司和慈善机构的关系也是一种联结式关系，消费者对企业态度和对善因机构态度的平衡会增加消费者的感知关系强度，从而导致更加积极的回应（Basil and Herr，2006）。在善因营销的相关研究中，平衡理论的运用范围比较小，但平衡理论一般从消费者的视角出发，在研究消费者与其他两个主体之间的相互关系对消费者态度的影响方面发挥着重要的作用。

六、五种理论解释的评价

综上所述，善因营销对消费者态度的影响机制可以通过归因理论、SOR 理论、自我信号理论、解释水平理论、平衡理论加以解释。这些理论虽然都可用来解释善因营销对消费者态度的影响机制，但却拥有各自的特点。本书从理论解释、理论特点、理论不足三个方面对这些理论进行分类和梳理，以供未来研究参考。具体如下：

（1）归因理论认为善因营销对消费者态度的影响主要来源于消费者对企业相关行为归因的结果。若消费者认为企业有利他动机，则会产生积极的态度；若消费者认为企业有利己动机，善因营销会对消费者态度产生负面影响。归因理论不仅可以解释善因营销对消费者态度的正面影响，而且可以很好地解释善因营销对消费者态度的负面影响。在善因营销影响消费者态度的研究中，归因理论的使用范围很广。但归因理论只是简单地将归因结果分为利他动机和利己动机两种类型，当在善因营销中涉及众多的企业行为时，消费者可能将有些企业行为归因为利他动机，对另一些企业行为可能归因为利己动机。因此，在复杂情境下归因理论并不能清晰解释善因营销对消费者态度的影响机制。另外，在善因营销中，相比依赖于理性的归因判断，消费者对企业行为的反应可能会更多地依赖于明显的线索或已有的经验，在此情况下归因理论也不适用。

（2）从 SOR 的理论视角来看，善因营销具有慈善的特点，消费者接触到善因营销活动就相当于接受了一种外部刺激，随后消费者会产生快乐等积极情绪，从而会对善因营销活动进行积极回应。SOR 理论侧重从消费者自身情绪方面解释善因营销影响消费者态度的内在机制，在此过程中，消费者会更多地依赖于善因营销活动当时的线索或已有的经验，做出更加感性的判断。在消费者依赖于明显的线索或已有的经验时，SOR 理论弥补了归因理论不适用于解释善因营销对消费者态度影响机制的不足。但消费者的行为往往是有目标导向的，消费者通常会对行为的结果有一定的预期。在 SOR 理论中，消费者更多的是被动接受外部企业的刺激，机械地对外部刺激做出刻板的反应，忽略了消费者在善因营销中的目的性和主动性。

（3）自我信号理论认为消费者会对善因营销活动产生积极的态度，主要是因为善因营销可以帮助消费者有意识地向自己或他人释放出一种积极的信号，从而有利于消费者获得良好的自我感觉、一定的社会声誉和地位等相关利益。该理论认为在善因营销活动中，消费者会对自身的行为有一定的预期，这可以较好地体现出消费者行为的主动性和目的性，弥补了 SOR 理论视角的不足。但自我信号理论认为消费者参与善因营销活动是为了满足自身的利益，并不能解释在善因营销中有些消费者只是想要帮助他人而不求任何回报的情况。

（4）解释水平理论试图从消费者感知相关信息差异的角度去分析善因营销对消费者态度的影响。该理论认为如果善因营销活动能够引起消费者对近距离的感知，此时会激发消费者的具体思维，从而会产生积极的态度。但消费者具体思维的差异可能并不是来源于善因营销活动，而是来源于消费者自身差异。另外，在善因营销的研究中，解释水平理论通常用来分析情境因素对消费者态度的影响，并不能很好地体现出消费者在善因营销中的主动性和目的性，且运用范围有限。

（5）平衡理论运用范围较窄，但在分析善因营销三方之间的相互关系对消费者态度的影响方面发挥着重要作用。该理论认为在善因营销活动中，消费者对其他两个主体态度的平衡，如消费者对企业与善因机构态度的平衡会促使消费者产生积极的态度。然而，在平衡理论中消费者对其他两个主体态度关系强度的大小不能精准地衡量。同时，在善因营销活动中消费者可能面对多个主体，对不同的两个主体之间态度的平衡可能会对消费者态度产生不同的影响。

虽然这些理论具有明显的区别，但理论之间也有一定的关联。具体而言，当消费者依赖于明显的线索或已有的经验对企业行为进行反应时，归因理论并不能清晰解释善因营销对消费者态度的影响机制，SOR 理论可以弥补归因理论的这一缺点。然而在 SOR 理论中，消费者更多的是被动接受外部企业的刺激，机械地对外部刺激做出刻板的反应，SOR 理论忽略了消费者在善因营销中的目的性和主动性，自我信号理论可以弥补 SOR 理论的这一缺点。在某些情境下，解释水平理论、平衡理论对于善因营销影响消费者态度的理论机制的阐述更加清晰，为归因理论、SOR 理论、自我信号理论的解释机制做了重要的补充。

第七章
虚拟企业社会责任共创探析

从 2016 年底开始，百度公益与民政部、宝贝回家等专业机构开展寻人合作，用人脸识别技术帮助更多人回家。2016 年 11 月，付某在侄女的帮助下，将自己走失儿子的照片上传到了宝贝回家网站。

照片上的孩子不过几岁，还是幼儿模样。付某明白，儿子现在肯定已经与照片中的样子天差地别，已经耗尽了心力的他这一次也并不抱太多希望，因为他的儿子已经走失整整 26 年。2017 年的 3 月，宝贝回家的工作人员给付某打去了电话："你的儿子找到了！"这是"百度 AI 寻人"的第一个成功案例，也是百度"跨年龄人脸识别技术"的成功验证。

阿里巴巴"团圆"系统发布 2378 名儿童失踪信息，找回 2297 名失踪儿童，成功率高达 96.6%。2017 年 12 月 4 日，"团圆"系统荣获"年度最具网络影响力"奖。

本章探讨一个新现象，即如何通过网络开展企业社会责任活动，管理利益相关者关系，构建竞争优势。

第一节　企业社会责任多方参与的新模式构建

传统的企业社会责任以企业为主导，顾客等利益相关者更多的是被动参与的角色。随着 Web 2.0 技术的发展，企业社会责任步入了互联网模式的新阶段。社交媒体蓬勃发展、用户主导内容创造、注重互动参与和社群联结是 Web 2.0 时代的显著特征。Web 2.0 技术为企业社会责任活动形式的创新提供了巨大的发展空间，进一步提升了企业社会责任作为企业战略组成部分所能发挥的无限潜力。“蚂蚁森林”绿色金融公益项目自 2016 年推出以来，3 年时间 5 亿用户在现实世界中种下超过 1.22 亿棵树。该项目利用支付宝生态的绿色活动（如走路、线下支付、生活缴费等）将原本被自然消耗掉的用户行为转化为令人震惊的社会环境效益，并将企业社会责任价值附加在阿里巴巴集团品牌、蚂蚁金融子品牌及其他家族品牌之上，成功探索出一条可持续的企业社会责任发展道路。这种在传统模式下完全靠企业一己之力无法发生的企业社会责任活动，堪称从无到有的魔法一般的企业社会责任新现象，正是“虚拟企业社会责任共创”（Virtual CSR co-creation）所研究和耕耘的领域。

由于虚拟企业社会责任共创尚属新构念，已有研究对其定义和特征的解释较为零散。本书在系统梳理相关文献的基础上，总结出虚拟企业社会责任共创的定义，深入分析了虚拟企业社会责任活动和传统企业社会责任活动的区别，构建了虚拟企业社会责任共创的概念框架，并对未来的研究方向进行了展望。本书是对价值共创、顾客参与及企业社会责任相关理论的系统整合和有益补充，为虚拟企业社会责任共创的后续研究奠定了一定的理论基础，有助于理解互联网时代企业社会责任发展的重要趋势，对企业开展虚拟企业社会责任活动也具有积极意义。

一、虚拟企业社会责任共创的概念发展

企业社会责任作为企业实践中的重要概念，其内涵和外延较为丰富。Carroll（1979）开创性地将企业社会责任划分为经济责任、法律责任、道德责任和慈善责任四种类型，强调企业和社会的相互依赖性，这种理论至今仍被人们广为接受。企业社会责任可以通过积极影响企业的无形资产如声誉、企业文化等提升财务绩效（Margolis and Elfenbein，2009），被认为是企业竞争优势的重要战略资源。然而，创造企业社会责任价值的关键是理解利益相关者的想法和他们对企业社会责任活动的评价（Bhattacharya et al.，2009），企业社会责任实施效果很大程度上取决于顾客等利益相关者的参与情况。企业能否更好地满足利益相关者的期望并维持与他们的良好关系，成为企业社会责任能否可持续发展的重要条件。

在企业社会责任研究中，沟通被视为一种说服利益相关者改变其态度和行为的重要方式（Bhattacharya and Sen，2010）。企业社会责任沟通指企业通过广告、企业社会责任报告、社交媒体等方式宣传企业实施企业社会责任活动所做的努力（Kim，2019）。在 Web 2.0 时代，企业社会责任沟通侧重于以社交媒体帮助企业与利益相关者互动交流，从而给予利益相关者更多参与企业社会责任共创的机会。企业只有让顾客等利益相关者参与企业社会责任实施过程，才能让企业社会责任活动更符合利益相关者的期望（Morsing and Schultz，2006）。Korschun 和 Du（2012）开创性地提出了虚拟企业社会责任对话的概念，其核心在于企业将更多的决策权让渡给顾客，强调企业和顾客利用社交媒体在企业社会责任设计和实施阶段的共同参与。在此基础上，学者们进一步丰富了虚拟企业社会责任共创的内涵，如 Jurietti 等（2017）在案例研究中提到企业社会责任共创是企业利用不同平台与利益相关者互动以及通过互动产生价值的过程；Okazaki 等（2020）借鉴品牌参与的定义提出了在线企业社会责任对话参与的概念，即由在线企业社会责任对话互动产生的顾客对品牌企业社会责任项目的认知和情感承诺；焦娟妮和范钧（2019）认为，企业履行社会责任就是创造社会价值，将顾客—企业社会价值共创定义为一种顾客与企业共同参与企业社会责任活动的行为展示。

虚拟企业社会责任共创作为传统企业社会责任与互联网深度融合发展的产物，尚属新构念，学者们借鉴价值共创、顾客参与等领域的研究成果，提出了虚拟企业社会责任对话、在线企业社会责任对话参与、顾客—企业社会价值共创等概念，核心在于强调互联网环境下企业与顾客等利益相关者就企业社会责任事项沟通交流进而实现价值共创。综合已有研究，本书认为虚拟企业社会责任共创是指企业利用社交媒体吸引和鼓励利益相关者参与到企业社会责任活动的设计和实施过程中，并积极与利益相关者就企业社会责任事项互动、沟通、合作的行为。

二、虚拟企业社会责任活动与传统企业社会责任活动的主要区别

（一）顾客角色

顾客在价值共创过程中是企业提供产品或服务过程中的共同伙伴

(Vargo and Lusch，2004)。在服务主导逻辑下，顾客作为一种操作性资源（Operant Resource）而存在，从产品或服务价值的接受者转变为共同生产者（Vargo and Lusch，2008)。传统的企业社会责任研究普遍将企业视为唯一的社会责任承担者和价值创造主体。企业作为项目发起方，决定了企业社会责任活动主题、实施方式、活动规则等事项，顾客更多扮演的是被动参与的角色。而虚拟企业社会责任共创最显著的特征即鼓励顾客等利益相关者在设计和实施两个阶段的共同参与（Korschun and Du，2012)，顾客可以选择支持哪些企业社会责任项目，探讨最合适的活动形式。从传统企业社会责任到虚拟企业社会责任，顾客在企业社会责任活动中的角色由被动参与向主动融入转变，企业也由企业社会责任制定者（Enactor）转变为企业社会责任推动者（Enabler)。

（二）顾客参与形式

在传统企业社会责任活动中，顾客主要通过线下渠道参与其中，如捐钱捐物、参与志愿服务活动等。在互联网时代，社交媒体为顾客在线参与企业社会责任活动提供了技术支持，颠覆了传统企业社会责任的顾客参与形式。游戏化营销的研究指出游戏化即将游戏设计元素应用于非游戏环境(Deterding et al.，2011)。游戏设计元素主要包括动力（是否具有情感联系、社会关系构建情况、个人成长情况如何)、机制（是否创造机会、提供挑战，是否具有反馈和奖励机制）和组件（排行榜、荣誉勋章等）三大类（Werbach and Hunter，2012)。现有的虚拟企业社会责任活动逐渐将游戏元素纳入其中，比如顾客在线参与“蚂蚁森林”公益项目，通过游戏、互动过程收集绿色能量，积累到一定数量即可获取荣誉勋章，在现实中种下一棵专属于个人的树。再如“微信捐步”项目，用户通过“微信运动”累计规定行走步数即可“捐步”支持慈善事业，实现“走路就是做公益”的目标。此类虚拟企业社会责任活动将公益项目与顾客日常生活场景相结合，参与渠道由线下向线上线下融合转变，参与形式日益丰富，更加突出游戏性、趣味性、互动性（Huang et al.，2014)。

（三）顾客资源投入

营销领域对消费者努力的研究认为，努力（Effort）是一种资源投入，这种资源投入是内在的、不稳定的、可控的、有限的（樊帅、田志龙和胡小青，2017)，比如消费者时间、金钱和认知资源的投入。顾客能否持续参与企业社会责任活动在一定程度上取决于其需要付出的努力。在传统企业社会责任活动中，顾客参与方式多表现为捐款捐物、参与志愿服务、购买善因营销产品等，资源消耗以金钱为主，部分志愿服务活动需要消耗参与者的时间与精力。在虚拟企业社会责任活动中，顾客需要付出的努力以时间、认知资源、情感为主。现有许多虚拟企业社会责任活动并不直接消耗顾客的金钱资源，而是将原本被自然耗费掉的用户行为转化为公益资源（例如“蚂蚁森林”项目将顾客日常生活中的低碳行为转化为“绿色能量”，“微信捐步”项目将行走步数转化为可捐赠资源）。顾客参与此类企业社会责任活动需要投入持续性的认知资源才能实现做公益的效果，而这种机制设置也使得顾客更容易产生对公益产品的所有权感知（Bebbington et al.，2008）和认知、情感承诺（Okazaki et al.，2020），进而提升顾客持续参与意愿。

（四）过程管理

虚拟企业社会责任共创能够为顾客赋权，增加企业与顾客间的信息交换，完善企业社会责任信息披露。企业社会责任信息披露可以视为一种信号工具，帮助顾客解决信息不对称问题，是企业管理声誉的重要工具（Wehmeier and Schultz，2011）。在传统企业社会责任活动中，虽然企业可以通过企业社会责任报告披露项目进展情况与利益相关者进行企业社会责任沟通，但参与者难以持续跟踪其参与企业社会责任的过程及效果。在虚拟企业社会责任共创情境下，企业可以借助技术手段通过可视化界面实时展示顾客参与情况。例如在“蚂蚁森林”项目中，顾客可在线查看绿色能量积累情况、自己培养的虚拟树木的成长情况以及实地种植树木的场景。这些可视化内容大大增强了项目透明度，提高了顾客参与虚拟企业社会责任共创的自我效能感和感知真实性。此外，在虚拟企业社会责任活动中融入累计值、排名、勋章等游戏元素能对顾客参与过程进行有效管理，这些措施带来的持续性正反馈机制也有利于增强顾客忠诚度和黏性，优化顾客体验。

虚拟企业社会责任活动与传统企业社会责任活动的主要区别如表7-1所示。

表 7-1 虚拟企业社会责任活动与传统企业社会责任活动的主要区别

主要区别	传统企业社会责任活动	虚拟企业社会责任活动
顾客—企业角色	企业是主导者，顾客被动参与	顾客—企业共同设计、实施，顾客是价值共创者
顾客—企业、顾客—顾客互动	顾客与企业单向互动，顾客与顾客之间互动机会较少	顾客与企业、顾客与顾客均为双向及时的互动
活动形式	交易式共创，如直接捐钱、捐物，参与志愿服务活动	游戏式、互动式、体验式共创
参与渠道	以线下参与为主	线上线下融合，以线上参与为主
顾客资源投入	以金钱投入为主	以认知、情感投入为主
过程管理	顾客参与多为单次行为，中间环节透明度低	过程及结果可视化，持续的正反馈机制

三、虚拟企业社会责任共创的概念框架

虚拟企业社会责任共创这一构念为企业如何开展可持续性的企业社会责任活动提供了新思路。通过互联网技术与企业社会责任活动的融合，将多方利益相关者纳入企业可持续发展的对话中，为顾客、企业和社会创造价值。本书主要从如何实现虚拟企业社会责任共创、虚拟企业社会责任共创的价值两个方面阐述虚拟企业社会责任共创的概念框架。

结合 Korschun 和 Du（2012）的理论框架及其他学者的观点，本书认为企业社会责任共创（CSR Co-creation）、共创平台（Co-creation platform）和对话参与（Dialog participation）是虚拟企业社会责任共创的三大组件。

（一）如何实现虚拟企业社会责任共创

1. 企业社会责任共创

企业社会责任共创即将共创领域延伸到企业社会责任范畴。顾客和企业整合资源合作创造价值被称为“价值共创”（Vargo and Lusch，2004）。在服务主导逻辑下，顾客在价值共创过程中是企业提供产品或服务过程中的共同伙伴，顾客通过在生产过程各个阶段的积极参与，从被动的价值接受者转变为共同生产者（Vargo and Lusch，2004）。在企业社会责任研究中，如何与顾客等利益相关者交流企业社会责任活动对企业社会责任实施效果影响显著。实际上，企业社会责任沟通应当是一个将不同利益相关者纳入对话过程，各方共同创造企业社会责任价值的社会性叙事过程

(Kaplan and Haenlein，2010)。

虚拟企业社会责任共创作为企业改变与利益相关者关系的重要方式，最核心的特征是鼓励利益相关者参与企业社会责任活动的设计和实施过程(Korschun and Du，2012)。在企业社会责任设计过程中，通过虚拟企业社会责任对话，利益相关者可以就如何设计企业社会责任活动建言献策，比如企业社会责任活动聚焦在哪个领域、企业可以和哪些组织合作、企业社会责任主题和具体的活动形式是怎样的。在企业社会责任实施过程中，社交媒体为利益相关者沟通交流提供了平台和技术支持，参与者可以及时互动、分享想法、传播经验，扩大企业社会责任活动的参与度和影响力。

2. 共创平台

虚拟企业社会责任共创离不开共创平台的支持。互联网技术的快速发展催生出了微博、微信等各类社交媒体平台，这些社交媒体平台为顾客与顾客、顾客与企业双向对话、互动协作提供了机会，企业也可以通过社交媒体创建或修改企业的社会责任战略和方案，更好地满足利益相关者的期待(Okazaki et al.，2020)。

Kaplan 和 Haenleinn (2010) 提出从媒体丰富性 (Media richness) 和自我呈现 (Self-presentation) 两个维度分析社交媒体平台。媒体丰富性并非指特定媒体传递信息量的多少，而是指"虚拟企业社会责任对话在一定时间内改变人们理解的能力"，它使得参与者在对话过程中融入认知和情感，实现有效而复杂的交流 (Morsing and Schultz，2006)。媒体丰富性高则意味着可利用多样化的沟通形式，带来双向同步的沟通和及时的反馈。研究发现，媒体丰富性能正向调节虚拟企业社会责任共创与企业社会责任认同之间的关系 (Korschun and Du，2012；Jurietti et al.，2017)，在媒体丰富性高的平台上互动交流能加深顾客对企业社会责任项目的了解，增强顾客心理所有权 (Bebbington et al.，2008)，进而积极影响顾客对企业的态度和评价。

影响共创平台的另一重要属性是自我呈现，即社交媒体在多大程度上支持参与者生成内容以表达个人需求和价值主张 (Korschun and Du，2012；Okazaki et al.，2020)。共创平台的自我呈现能力是虚拟企业社会责任共创的重要支撑条件，Jurietti 等 (2017) 通过联合利华的虚拟企业社会责任项目 (The Unilever sustainable living lab) 验证了媒体平台自我呈现能力的重要作用。平台自我呈现能力越强，意味着提供的展示机会和方式越多，个体参与虚拟企业社会责任共创的主观能动性越强。

3. 对话参与

虚拟企业社会责任共创需要顾客等利益相关者的互动参与。在虚拟品牌社区的研究中，学者们主要把顾客价值共创行为分为角色内的参与行为（Customer Participation Behavior）和角色外的公民行为（Customer Citizenship Behavior）两大类，前者包括信息搜索、资源共享和人际互动等行为，后者包括反馈建议、积极推荐、帮助和容错等行为（Deci and Ryan，1990）。樊帅等（2017）将顾客参与虚拟企业社会责任共创的行为分为信息分享、责任行为和人际互动行为。在虚拟企业社会责任共创中，顾客通过社交媒体与其他参与者和企业对话交流，共同设计和实施企业社会责任活动，其中的对话参与行为与上述分类具有相似性。虚拟企业社会责任共创主要基于参与者的互动参与创造价值。因此，顾客的积极参与至关重要，这是实现价值共创的必要前提。

根据现有研究，影响虚拟企业社会责任对话参与的因素之一是自主性（Autonomy），即参与者在共创过程中不受企业约束，独立地表达意见、做出决定，具有自我管理的能力（Korschun and Du，2012）。高自主性的虚拟企业社会责任共创鼓励利益相关者担当起企业社会责任制定者角色，让企业转变为企业社会责任推动者。影响对话参与的另一因素是排他性（Exclusivity），即虚拟企业社会责任共创中的参与者与互联网上的普通网民区分开来的程度（Korschun and Du，2012）。在低排他性情况下，网络上的任何人均可参与到讨论中，在高排他性情况下，平台对参与者有一定筛选。社会认同理论认为一个社群与其他社群区分开来的程度是重要的身份识别驱动力，对话参与的排他性展示出了社群之间的显著区别，能够提高身份认同感知，增强社群凝聚力（樊帅等，2019）。

（二）虚拟企业社会责任共创的价值

虚拟企业社会责任共创作为企业社会责任发展的新趋势，得到了顾客等利益相关者的积极响应和广泛参与，企业社会责任实施效果大大提升，对促进社会福利事业也具有积极意义。本书主要从顾客、企业和社会三个层面阐述虚拟企业社会责任共创的价值。

从顾客层面看，第一，虚拟企业社会责任共创能带来顾客融入。研究发现，有效的企业社会责任沟通能够提高顾客的企业社会责任信任感和参与意愿（Kim，2019），虚拟企业社会责任共创能够使顾客从认知和情感上对企业社会责任活动产生承诺（Okazaki et al.，2020）。自我决定理论指出，个体天然具有满足自身基本心理需要（能力感、自主感、关联感）的要求，基本心理需要的满足是激发个体内在动机、指导其行为的核心（刘小平和邓文香，2019）。虚拟企业社会责任共创中的活动机制、界面设计、互动元素能够让顾客充分发挥主观能动性，与其他志同道合的参与者交流沟通建立良好关系，进而共创企业社会责任。因此虚拟企业社会责任共创可以有效满足顾客的能力感、自主感和关联感，进而带来顾客融入（Kim et al.，2010）。第二，虚拟企业社会责任共创有利于顾客产生企业社会责任认同。企业社会责任认同是人们对于企业社会责任活动理念及价值观的认可（Sweeney and Soutar，2001），包括企业社会责任支持和企业社会责任信任。研究发现，企业社会责任可以作为顾客产生社会认同的重要方式，积极影响后续的价值共创行为（Gourville and Rangan，2004）。当顾客发现企业持有独特的企业社会责任理念时，会认为企业是一个能够带来认同感的重要目标，即企业社会责任能够为顾客带来有价值的社会认同。Kim 等（2010）研究发现，调整员工参与企业社会责任共创的方式，帮助他们表达自己的价值观，会使员工对企业产生更多的认同感，更加专注地服务企业（Dahl and Moreau，2007）。因此，虚拟企业社会责任共创对顾客企业社会责任认同有积极影响（Korschun and Du，2012；Okazaki et al.，2020）。第三，虚拟企业社会责任共创能够创造顾客体验价值。体验是指顾客与企业互动过程中形成的一种主观感受。与传统商品主导逻辑所强调的交换价值不同，服务主导逻辑下的价值特指使用中的价值，其价值是通过价值网络成员的共同参与和互动产生的（Vargo and Lusch，2008）。互动是价值共创的轨迹，也是顾客获得体验价值的重要手段。根据层次体验模型，虚拟品牌社区中的顾客体验价值可划分为功能体验价值、情感体验价值和社会体验价值（Harwood and Garry，2015）。虚拟企业社会责任共创的一大特征即运用社交媒体鼓励顾客与企业、顾客与顾客间的多方互动，顾客在共创过程中贡献知识和智慧，在参与和互动中必然会获得体验价值。

从企业层面看，企业开展社会责任活动能够带来诸多好处，源于企业社会责任建立和加强利益相关者关系的独特能力。通过虚拟企业社会责任共创，顾客可直接参与到企业社会责任活动的设计和实施过程中，这使得企业社会责任沟通更具说服力和可信度（Korschun and Du，2012），可以有效减少顾客怀疑，增强企业社会责任活动的社会影响力，有利于企业与顾客建立长期关系，提升企业形象、扩大品牌知名度，进而带来良好的企业声誉和商业价值（Kim，2019；Okazaki et al.，2020）。

从社会层面看，企业社会责任作为提高社会福利的重要方式，具有天然的道德属性。企业实施企业社会责任活动的一个基本目标是提高个体的社会责任意识，鼓励个体更多参与促进社会福利的事业（Kim et al.，2014）。在虚拟企业社会责任共创中，顾客通过投入物质、情感和认知资源支持慈善事业，向身边人倡导公益行为，通过与企业等多方力量合作共同创造社会价值，营造良好社会风尚，长期来看对提升社会福利具有重大意义（Korschun and Du，2012）。

虚拟企业社会责任共创的概念框架如图 7-1 所示。

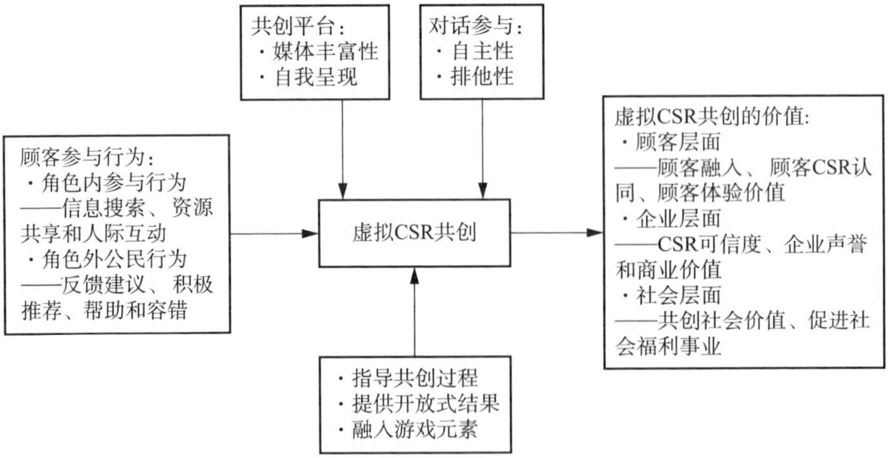

图 7-1 虚拟企业社会责任共创的概念框架

第二节 企业社会责任多方参与的心理动机分析

Korschun 和 Du（2012）通过概念框架对虚拟企业社会责任对话创造价值的过程进行了论述，具有较强的理论贡献，但并未回答企业应该怎样做才能增强顾客参与意愿。顾客作为企业的首要利益相关者，其参与程度对企业社会责任实施效果及企业评价至关重要。

那么，顾客为什么愿意参与企业的社会责任对话这一价值创造过程呢？更具体而言，第一，顾客为什么愿意参与企业在线发起的公益活动呢？第二，考虑到创造性参与的难度，顾客参与创造性活动的心理动机是什么？在这种价值创造过程中，顾客参与的体验如何？第三，在参与过程中，一方面，很多顾客会有自己的想法、偏好和创意，那么，当顾客个人的创造性参与受到一定条件的限制时，将会如何影响这种体验？另一方面，很多顾客对这种创造性活动的参与能力不足，这必然制约顾客参与的意愿，降低顾客参与的满意度。如何帮助顾客克服困难、更好地参与创造性活动？这些实践性问题困扰着很多企业管理者。

一、顾客参与虚拟企业社会责任活动的原因

对于第一个问题，本书认为，顾客参与虚拟企业社会责任活动的动机和线下参与企业社会责任活动的动机一致，主要是出于伦理诉求和道德情感的需要。但是，相比线下的企业社会责任活动，顾客参与虚拟企业社会责任活动，又有一些独有的原因。比如 Loureiro 和 Lopes（2019）认为，虚拟企业社会责任活动的传播效率更高，更容易让更多的顾客知晓，而且虚拟企业社会责任活动的信息对称性更高，可信度更高。Korschun 和 Du（2012）认为顾客可以参与企业社会责任活动的全过程，并影响其决策，比如选择履责对象、履责形式和最终的目标结果，而且能很好地观察到虚拟企业社会责任活动的结果是否符合预期，而这是线下企业社会责任活动难以达成的。顾客还可以以此提高对企业社会责任社群的认同感，并排斥群体外成员，比如，“蚂蚁森林”的用户社群。此外，虚拟企业社会责任活动更易用、更简单（Okazaki et al.，2020），可视度更高，而且信息更透明（Gomez and Vargas-Preciado，2016）。

二、顾客参与创造性活动的动机

相比第一个问题，第二个问题更难回答。本书先对顾客参与创造性活动这一现象进行界定，以确保讨论对象的清晰有效。

在商业实践中，顾客参与创造性活动，其实现形式是非常多样的。比

如，潘多拉让顾客自己搭配手链、项链；宜家让顾客自己组装家具；乐高让顾客用标准件的积木打造绚丽多彩的小世界。还有众多的手工小店，比如陶艺店、花艺店、烧制玻璃艺术品店等。此外，还有很多小商品，比如拼图、填色书、手帐，顾客还可以购买各种圣诞小商品，来布置圣诞树。Cosplay（角色扮演）圈、洛丽塔圈也渐渐吸引越来越多的玩家参与。除了顾客参与线下的各种创造性活动之外，虚拟世界的创造性顾客参与规模也同样越来越庞大，比如开放世界游戏——侠盗猎车手系列游戏（GTA），至今已经卖出 2.6 亿套；《我的世界》（*Minecraft*）在 2021 年以 2.38 亿套销量和月活用户 1.5 亿人次，打破俄罗斯方块的纪录，成为有史以来最畅销电子游戏；人们在任天堂公司推出的游戏《动物森友会》（*Animal Crossing*）里，随心所欲地改造岛屿、布置房屋、绘制衣服、绘制岛旗和制作岛歌。这些广泛多样的顾客参与的创造性活动如何界定才能概括其主要特征呢？

Fassin 和 Buelens（2011）提出了一个概念，叫体验性创造。体验性创造是指，顾客自主生成某种结果的一般性活动，包括从一个极端的按部就班的组装活动（比如组装宜家茶几），到另一个极端的绝对创意活动（比如绘画）。Fassin 和 Buelens（2011）从两个维度来对这些体验性创造活动进行分类，一是有无操作指引，二是有无既定的目标结果，从而形成有操作指引且有目标结果的活动（有有组合）、有操作指引但无目标结果的活动（有无组合）、无操作指引但有目标结果的活动（无有组合）、既无操作指引又无目标结果的活动（无无组合）四种类型。有有组合包括三种创意活动——操作指南类（如菜谱、汽车保养指南等）、套组和模型（如模型飞机、按图填色书等）、组装产品（如宜家家具、儿童玩具等）；有无组合主要是手工爱好（如剪贴本、火车模型）；无有组合包括两种创意活动——灵感性活动（如展示橱窗设计、时装秀、广告创意）和再创造性活动（如临摹名画、女红，比如根据时装书剪裁制作衣服）；无无组合主要是艺术活动（如绘画、雕塑、作曲等）。

那么，顾客为什么愿意参与这些体验性创造活动呢？他们产生行为的心理动机是什么？已有的一些研究为这个问题提供了洞见。Fassin 和 Buelens（2011）的研究识别出了顾客参与体验性创造的七种心理动机，其中最核心的动机是能力感和自主感。所谓能力感是指因为成功完成了一个

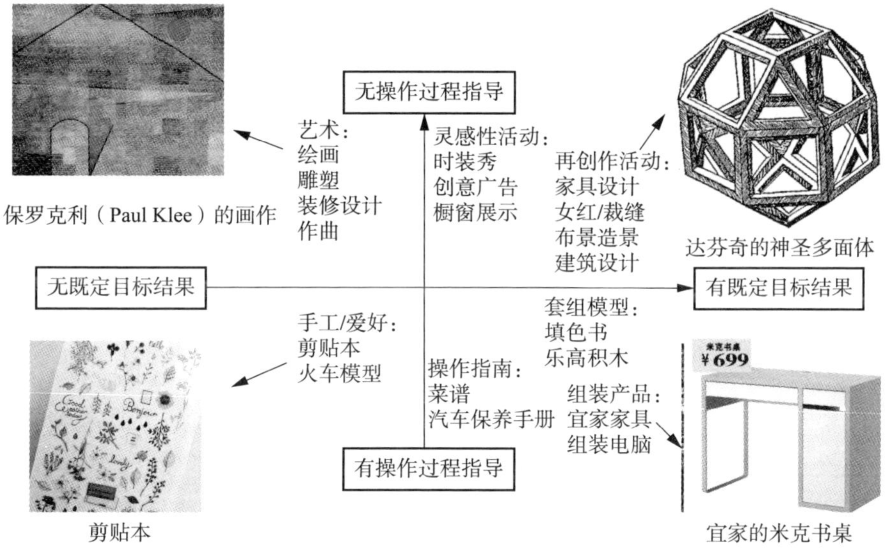

图 7-2 Fassin 和 Buelens（2011）“体验性创造”的分类

创造性活动而心满意足。自主感，则是一种因自由地选择创造性活动的实施方式，或者自主地定义创造性任务而获得的愉悦感。这两个动机是顾客获得个人成就感的重要影响因素。

除了这两个核心动机之外，从体验性创造活动中学习和提高技能，即学习动机，是第三个重要动机。这个动机还常常和增加社群中同好间的社会交往需要紧密相关。

和成就感必须依赖于创造性产出不同，放松动机强调参与创造性活动时所体验到的沉浸感。顾客把注意力从日常忧心的事务中抽离出来，全身心地投入体验性创造活动中，这种放松感也是很多人有所爱好的动机之一。

进行创造性活动，还往往成为某些顾客的自我确认方式。一些顾客在创造一个作品时，能以此描绘、勾勒、界定自己喜欢什么，想成为什么。比如，“我是个手工爱好者”“我是乐高迷”“我是画家”。

前面提到个人成就感，还有一个重要又密切相关的动机，就是公共成就感。它来自同好的社群，是获得社群中他人的积极反馈、朋友家人的赞美。

最后一个动机是社群的归属感。有共同兴趣爱好的人们形成了一个对彼此有较高认同感的社群，在这个社群中交流自己的爱好、展示自己创造的作品，从而满足心理需要中三大基础性需要之一——归属感。

三、顾客参与能力和企业对策

顾客的参与能力往往是限制顾客参与企业活动的重要原因，创造性活动更甚。尤其是上文揭示出，顾客参与的核心是成就感，如果不能有效参与，产生创造性成果，成就感必然受到严重损害，那么顾客持续参与的意愿就会显著下降。有些企业考虑到顾客参与能力的问题，会降低参与门槛。但是，如果企业设计的创造性活动过于容易，也很可能会丧失顾客参与的第一大动机，即能力感，对于学习新技能、满足放松动机所需要的全身心投入、通过创造性成果进行自我确认等动机，恐怕都有负面影响。太难不行，太易不行，究竟如何帮助顾客有效参与企业的价值创造过程呢？

一般而言，解决一个问题往往涉及三个关键点：一是界定问题的性质、意义和目的；二是确定问题解决的预期成果、目标；三是描绘和寻找解决问题的方式、过程与步骤。企业发起虚拟企业社会责任活动时，往往已经界定好了活动的性质、意义和目的。那么，企业可以考虑的就是，在预期结果和实现过程两个环节给予顾客帮助，从而使顾客有效参与，产出创造性成果。那么，是给予顾客明确的预期目标好，还是给予顾客实现过程的详细指导好，抑或同时给予两个环节的帮助更好？尤其是，对于顾客参与体验性创造的七大动机而言，这三种不同的选择，会产生何种影响？是会促进，还是会妨碍顾客心理动机的实现？

Fassin 和 Buelens（2011）对这个问题进行了深入的研究，提出了三个重要观点。

第一，对于能力感而言，为顾客提供操作指引，但不提供预期目标，这种做法，相比另外两种做法——不提供操作指引但提供预期目标，或者不提供任何帮助，更有利于保护和提高顾客的能力感。

作者分析结果表明，为顾客提供过程指引，帮助他们快速掌握完成创造性活动的合适做法，大大减少了顾客学习和探索的时间并大大降低了成本，降低了顾客可能受到挫折的概率。

但是，如果提供预期目标，比如有些企业会为顾客提供产品完成效果图，虽然也能减少顾客探索的时间和降低成本，也大大有利于顾客完成创造性活动但是，给予预期目标同时也意味着给顾客提供了一个非常具体的、衡量自我能力水平的关键信息。如果顾客达成的最终结果和预期目标差异较大，就很难回避质疑自我能力的问题。

反之，只提供过程指引，却不会损害顾客的能力感。一方面，顾客可以从达成指引要求的行动中获得一定的能力感；另一方面，顾客还可以对过程指引进行一定的修改，增加其个人的独创性，有了过程指引的基线保障，一些小修小改又不至于极大降低成功率，从而确保顾客能力感得到满足。现实中，一些企业的成功实践也可以印证这种观点。比如，很多游戏都会对玩家进行游玩过程的多方式、多手段指引，但结局却往往是开放性的，或者是虽然设定好，但依旧保留了多种结局。因此，当顾客参与能力有限时，为了保障能力感动机的满足，应该对顾客提供帮助，帮助形式上，提供过程指引而不给予预期目标，是更明智的选择。

那么，提供过程指引，或者预期目标，对于自主感又有何种影响呢？

第二，对于自主感而言，如果既给予过程指引，又给予预期目标，这种做法，相比另两种做法——只提供其中之一，或者不提供任何帮助，更不利于满足顾客的自主感。

无论提供过程指引还是提供预期目标，都会损害顾客的自主感。当企业为顾客提供预期目标，意味着企业并不鼓励顾客运用自己的认知努力去视图化最终成果。相反，企业为顾客提供了唯一“正确”答案，顾客丧失了想象空间。同样，如果企业给予过程指引，顾客不能自治、自主、自行选择、自我组织，而要根据操作指引按部就班。尤其是当两个环节都向顾客提供帮助时，就像宜家家具组装一样，信息过于充分，问题界定过于严密，顾客的任何自行选择都只会造成“错误”操作而使组装失败。

因此，自主感和能力感之间存在一个权衡，鱼与熊掌不可兼得。为了保障能力感，从而以放弃自主感为代价，对顾客提供过程指引。但幸而，不提供预期目标至少同时有利于能力感和自主感。

由于自主感和能力感都是成就感达成的重要影响因素。Fisher（1978）的研究指出，仅当自主感和能力感兼得时，人们才会具有内生动机。那么，企业有没有最佳解决方案，在什么情况下两个核心动机能同时实现呢？

最佳方案：企业首先为顾客提供过程指引，帮助顾客完成创造性参与，能力感动机和其他动机的实现，有利于提高顾客继续参与的意愿。而随着顾客参与次数或参与时间的增加，顾客的参与能力会明显提高，这时，顾客就可以忽略过程指引，完全自由地探索不同方式。

第三，对于顾客参与的总体愉悦感而言，在能力不足的情况下，提供过程指引而不提供预期目标，是相对好的选择。

提供过程指引保障了顾客的能力感，不提供预期目标，保障了顾客的能力感和自主感，因此是在顾客能力不足的有限条件下比较好的选择。这一观点也在 Dahl 和 Moreau（2007）的研究中得到认同。他们提出，企业应在虚拟企业社会责任共创过程中给予顾客一定指导性说明，但是要为顾客提供开放式结果，从而让创造性体验更佳。

虚拟企业社会责任活动比线下企业社会责任活动更有优势之处还在于，企业可以在虚拟共创过程中，随时为顾客提供相应指导，积极响应顾客的建议和需求，引导顾客发挥主观能动性，更好地创造企业社会责任价值。

第三节　企业社会责任多方参与的游戏化设计

支付宝“蚂蚁森林”在联合国接连获得环境荣誉。2019 年 9 月 19 日，“蚂蚁森林”获“联合国地球卫士奖”，一周之内，蚂蚁森林再次因为“利用数字技术扩大气候行动规模”，获得 2019 年联合国全球气候行动奖。

蚂蚁森林于 2016 年 8 月底投放市场，它是一款通过记录个人“碳行为”，再将之转变为“碳账户”，支持用户以“碳账户”进行公益活动的手机小程序。蚂蚁森林的“碳账户”基于一套由阿里巴巴蚂蚁金服与中国北京环境交易所合作研发的算法。算法依据用户的日常消费和生活数据，包括步行步数、骑行“哈啰”共享单车、“钉钉”线上办公、“支付宝”电子支付、“饿了么”免餐具的外卖订单等，这些可被阿里巴巴旗下各种 App 记录的个体行为，来计算其减少资源消耗和降低碳排放的总量。“碳账户”会每天根据个体的减排行为生成数量不等的绿色能量，这些绿色能量可以用来在支付宝蚂蚁森林小程序中玩虚拟的种树游戏，当支付宝账户中的虚拟小树随着能量的积累而长大到一定程度时，用户就能选择在现实中的某个地区种一棵真正的树。小程序将根据梭梭树、柠条、樟子松等树木的种植难度，计算出所需要的能量值，用户消耗掉相应的能量值就可以种植，并获得象征着个人环保成就的电子证书。在现实中种树的绿色公益活动则由蚂蚁森林出资，联合地方政府、专业机构和公司及当地农牧民进行真实的树木种植与养护。

蚂蚁森林还具有一定的社交属性。用户每日个人行为所产生的绿色能量，会在 72 小时后消失。用户需要及时点击“收集”能量按钮，把能量收集存储到个人的“碳账户”中。除此之外，用户也可以帮好友收取即将消失的能量。

蚂蚁森林使得“低碳生活”从一种关于生活方式的观念，变成了用户从事的一种真实的、植树造林公益活动。而支付宝也因蚂蚁森林受到大众喜爱和广泛参与，而获得了更多的用户活跃度及用户黏性。早在 2017 年 1 月，距蚂蚁森林发布还不到一年，其用户数量就已经超过 2 亿。到 2019 年 4 月，用户数量则突破 5 亿大关。随着蚂蚁森林用户群体的扩大，越来越多的阿里巴巴旗下生活类服务也与蚂蚁森林实现数据对接，包括通过“闲鱼”回收手机、通过阿里云实现绿色办公、在“菜鸟裹裹”快递采用环保快递袋或无胶带纸箱寄送绿色包裹、电子阅读等。

根据 2019 年生态环境部环境与经济政策研究中心课题组发布的《互联网平台背景下公众低碳生活方式研究报告》的数据，截至 2019 年 8 月，蚂蚁森林已经在中国甘肃省、内蒙古自治区等地种植了 1.22 亿棵树，减少 790 万吨碳排放①。

蚂蚁森林的成功，其原因必然是多方面的，但其中一个重要的因素，是游戏化设计带来的用户广泛参与，将虚拟企业社会责任变成了多方共创价值的商业现实。

游戏化（Gamification）是指将游戏设计的原则运用到商业等非游戏领域。一方面，游戏化为企业的商业活动提供了一种崭新而充满创造力的思路，它必将在提升顾客参与方面大放异彩；另一方面，很多管理者、研究人员对于商业情景中如何设计、执行、管理和优化游戏化策略知之甚少，尤其是企业社会责任领域，更是如此。

① 环球网：《中国掀起手机上低碳行动：5 亿人 3 年碳减排 792 万吨》，https://m.huanqiu.com/article/9CaKrnKmtrC，2019 年 8 月 27 日。

接下来，本节将首先谈谈游戏化提高顾客参与的原理，接着介绍几种游戏化的设计原则，为企业提供一些虚拟企业社会责任的游戏化设计思路。

一、游戏的本质和游戏化的特征

游戏的本质是什么？Robson 等（2014）探讨了这个问题，提出了游戏本质的两个维度，一是有趣性（Fun），二是游戏性（Gamefulness）。有趣性的观点来自 Caillois 和 Barash（1961），是指一种完全没有实现准备和机会的即兴创作，比如，小孩子在沙滩上玩沙子。游戏性则是指遵循游戏规则，扮演角色，获得胜利。所以，游戏的本质就兼备了有趣性和游戏性。

那么游戏和游戏化的区别是什么？游戏化有什么不同于游戏的本质特征呢？Deterding 等（2011）提出了一种观点，他们认为，游戏和游戏化不仅在有趣性和游戏性的构成比重上有所区分，而且在整体性和局部性上也有所不同。游戏更强调的是游戏性，必须建立规则、安排好玩家的角色和行为，设置获胜条件等；游戏的整体性也更强，游戏规则、玩家间的关系、玩家的许可行为和限制行为、游戏获胜的奖励分配等因素之间应该互相协调，而且所有的游戏设计元素应该齐备，形成统一的整体（游戏性+整体性）。而游戏化则不同，游戏化虽然也和游戏一样，比较强调游戏性，但游戏化没有游戏那么完整统一，它可能并不具备所有的游戏设计要素（游戏性+局部性）。还有一些情况则是兼备了有趣性和整体性的，比如玩具，它的每个组件都严丝合缝，构成完全统一的整体，但它没那么强调游戏性，更强调的是有趣性，在玩的过程中，并没有特定的规则、角色分配，也没有游戏目标等游戏要素，完全依靠玩家的即兴发挥。最后一种情况是兼备有趣性和局部性，比如有趣的设计。举个例子，腾讯基金会的微公益操办了“小朋友画廊”这一虚拟社会公益活动。对小朋友随性创作的画作，网友们随性地竞拍，最后所得用于慈善，大家欢聚一堂（虚拟），共襄盛举，其乐融融。这是一个有趣的设计，它没有必要的组件，有趣的元素是可以随意增删的灵活状态。

二、游戏化提高顾客参与的原理

游戏化能够影响人类行为，是因为它引入了驱动人类行为的两种动机性因素：一是强化，二是情绪。

强化的概念来自行为主义心理学派，历经 E. L. 桑代克（E. L. Thorndike）、伊万 . 巴普洛夫（Ivan Pavlov）、约翰 · B. 华生（John B. Watson）、B. F. 斯金纳（B. F. Skinner）等伟大学者的重要理论建树，行为主义以行为学习理论和操作性条件反射理论，为强化对人类行为的塑造作用提供了强有力的理论解释。强化是指一个行为所带来的结果增加了这个行为在未来发生的概率，这个过程就是强化。比如，在微软旗下一款沙盒游戏 *Minecraft* 中，打怪物“史莱姆”掉落“黏液球”，而黏液球是很多物品合成的基础材料，这种掉落奖励增加了玩家打“史莱姆”这一行为发生的概率。而在虚拟企业社会责任中采取游戏化设计，完全能够无成本地奖励用户来达成行为强化的效果，以创造出企业所渴求的用户行为。这些奖励既可以是外在奖励，比如游戏币、游戏装备，也可以是内在奖励，比如游戏中感到乐趣、享受游戏的过程。这些企业所渴求的用户行为，会在强化和情绪的动机机制的操纵下，变成用户的自动化行为、例常行为，甚至发展为用户习惯（Duhigg，2012）。比如登录奖励，如果企业所渴求的用户行为是每日登录一次网站，那么向发生登录行为的用户提供对其有价值的奖励，让用户获得满意的行为结果，就能强化其登录行为，被反复强化的行为，会发展成用户习惯。而用户习惯一旦形成，只要企业在游戏中展示诱发行为的线索，例如，如果每次登录前，都伴随有特定音效（刺激线索），那么只要展示这个特定音效，所渴求的登录行为就会被诱发。例如，著名的巴甫洛夫的狗，一开始狗只对肉流口水，但由于每次肉的出现都伴随铃铛声（刺激线索），因此狗发展为听到铃铛声就流口水。随着企业对多种用户行为进行强化，这些用户行为会形成行为池。它们经过反复强化，所需要调用的认知资源就会越来越少，大量企业所渴求的行为发生的难度也就越来越低。

三、游戏化的设计原则

MDE 原则是指机制（Mechanics）、动态（Dynamics）和情绪（Emotions）。MDE 原则最早由 Hunicke 等在 2004 年提出，后由 Robson 等在 2015 年完善。Hunicke 等（2001）最早提出的第三个原则不是情绪，而是美学。他们认为，当用户与游戏发生交互时，美学会引发企业所渴求的用户情绪，例如，憧憬、友爱、崇高。Robson 等（2015）考虑到“游戏化的情景”远远大于“游戏情景”所涵盖的范畴，因此，他们以唤起用户“情绪”替代了美学，作为商业场景下吸引顾客参与的设计原则。

（一）细分游戏化体验各方

MDE 原则首先要考虑的不是机制，而是识别和细分游戏化体验的各方。

游戏化体验主要涉及两个根本要素，一是参与，二是联结。参与主要指个体参与的程度，按程度不同可以分为主动创造体验（Actively contributes to experience）、被动卷入体验（Passively involved in experience）两类；联结主要指个体和环境之间的关系，按性质差异可以分为从环境中摄取（Absorption）、沉浸于环境中（Immersion）两类。根据这两个根本要素的分类，就可以把游戏体验各方分为四种人。

第一种人是玩家，玩家是在游戏化体验中真正参与操作的人，他们主动创造体验，并高度沉浸于游戏化体验中（主动+沉浸）。

第二种人是监管者，他们往往是游戏化体验的设计者，负责开发、设计、管理和维护游戏化设计，他们多数情况下负责观察用户的参与体验，因此是被动卷入其中，在用户参与过程中确保组织目标的达成（被动+摄取）。

第三种人是观众，观众不直接参与游戏化体验的操作过程，但他们的存在会改变游戏化体验，他们本身构成了游戏化体验的外部环境，同时又高度沉浸于环境中（被动+沉浸）。

第四种人是学徒，他们同样不直接参与游戏化体验的操作过程，但是他们是潜在的玩家，在旁观过程中心里模拟某个玩家角色，并高度关注游戏的胜负结果，这使他们变得更主动（主动+摄取）。

当然这四种人都可以改变自己的参与程度和与环境之间的互动关系，比如玩家也可以观察其他玩家，并学习其玩法和策略，这时他在心理上更接近一个观察者。但是，根据这四种人的体验特征所做出的分类依旧成立。

（二）机制

机制是不因玩家参与而发生改变的既定规则，它控制着想要引发的玩家行为和行为的既定后果。游戏化设计中主要有三种机制，一是基础设定机制，二是规则机制，三是发展机制。

1. 基础设定机制

基础设定机制是指为塑造体验情景而做出的一系列考量，包括时间因素、空间因素、玩家条件、游戏目标、目标分配等。比如，游戏化设计的体验会在何时发生？有无结束时间？会在何地发生？是真实情景还是虚拟场景？玩家需要具备什么条件，是单人玩家还是团队玩家？玩家间关系如何？是对抗还是合作？以《地产大亨》，又称作《大富翁》（*Monopoly*）为例，《大富翁》是一个由美国经济学人莉兹·玛姬发明的多人策略掷骰游戏。在《大富翁》（世界地图版）游戏中，玩家在一张标示着全世界代表性城市所构成的环形地图上进行游戏，这是游戏发生的场景。由至少两名玩家参与游戏，并进行对抗。一名玩家破产，则退出游戏。

2. 规则机制

规则机制塑造了游戏化体验的目标（Elverdam and Aarseth，2007）。它不仅要界定用户可实施的行为，同时也要决定用户受限制的行为。举个例子，在中国象棋游戏中，“马行日”“象行田”，这是被允许的行为，“将”不可过楚河汉界，这是被约束的行为。

在这些游戏规则中，有些规则是确定性的，即只要达成某个行动，都会导致同一个既定的结果；有些规则是不确定的，从而确保游戏的随机性，提升丰富性和耐玩性。以中国传媒大学动画学院 2004 级游戏专业学生设计、风靡国内的桌面游戏——《三国杀》为例，如果抽取到吕布这张武将牌，无论玩家身份是反贼、忠臣还是内奸，当持有吕布这张武将牌的玩家打出一张杀牌，都将对所指定的、座位上下首的另一玩家造成 2 点的体力伤害，这是吕布这张武将牌的锁定技能“无双”所规定的伤害效果，这就是确定性规则。再如，广受欢迎的推理类桌面游戏《狼人杀》，玩家在白天通过依次发言所形成的互动，来影响投票结果，任意一位玩家都有相等的概率被投票为狼人，遭到公开处决，就是一种不确定性规则。还有一些骰驱游戏，依靠投掷骰子的点数来形成不同的后果，也是这种不确定性规则的常见形式。举个例子，2023 年 Steam 最火爆的游戏之一、奠定同时在线人数 87 万余人的里程碑的大 IP 续作——《博德之门 3》，其游戏设计为，在每个关键节点都必须投掷骰子，根据点数大小是否达成游戏设定的条件来判定玩家的行动结果。这些行动直接影响了英雄伟大远征故事中事件、情节、人物关系等发展的不同走向，使博德之门具有了极高的开放性，据说有高达 17000 个不同结局①。

规则机制可以包括基于时间的规则、基于空间的规则、基于目标的规则等。

基于时间的规则，是根据不同的时间来决定玩家发生的行为和受限的行为。比如，《狼人杀》游戏，按白天和晚上，分别规定不同的玩家行为。在白天，玩家依次发言和投票选出要处决的对象；在晚上，狼人商量决定要屠杀的玩家角色，预言家决定要查验的玩家角色，女巫决定要下毒的玩家角色等。

基于空间的规则，是根据不同的空间位置等来决定玩家发生的行为和受限的行为。比如，《大富翁》游戏，代表玩家的角色所踏过的地图上的不同方格，都将发生相应的行为，并大致可以分为四类行为结果：惩罚类、奖励类、中性类和随机类。踏过监狱，玩家要坐牢并罚款；踏过任意无人地块，比如伦敦、阿姆斯特丹等，获得购买该地块的机会；踏过公益福利抽卡方格，抽取公益福利卡片，会产生随机事件，可导致或好或坏的结果等。

基于目标的规则，是指玩家达成特定目标、符合特定条件，则产生相应结果。以获得 2014 年黄金极客游戏大奖、2014 年德国年度游戏奖提名的游戏《璀璨宝石》为例，玩家在游戏中扮演宝石商人，通过对五种不同宝石矿的投资策略，来达到最快赢得财富的胜利条件（最先达成 15 分），战胜对手。其中有一个目标达成规则：玩家在游戏过程中不断积累手上代表不同宝石矿的手牌，当这些手牌所代表的特定宝石数量达成贵族牌面上所标示的目标数量，则代表着该玩家获得该贵族青睐，这张贵族手牌将归属于该玩家，该玩家获得这张手牌上所标示的分数。比如，一张贵族手牌的宝石目标是 3 颗玛瑙和 1 颗钻石，该贵族手牌的得分为 3 分。那么如果该玩家积累了三张手牌，一张为钻石，一张为 1 颗玛瑙，一张为 2 颗玛瑙，则该玩家达成贵族青睐的条件，获得 3 分。

---

① IT之家：《〈博德之门 3〉刷新 Steam 同时在线人数纪录，达 875343 人》，https://baijiahao.baidu.com/s?id=1774192407930196223&wfr=spider&for=pc，2023 年 8 月 14 日。

3. 发展机制

发展机制是最重要的机制，它和强化紧密相关。发展机制规定了玩家的发展路径，为了确保玩家发生特定行为以获得发展，推动游戏持续进行，发展机制需要以强化手段提高特定行为发生的概率。因此，发展机制往往包含了成就奖励系统。以国人自主开发、火爆全球、成为2021年度Twitter（推特）上话题热度最高、首年度营业收入总额最高的游戏——《原神》为例，玩家的发展路径之一是提升等级、养成角色，每次提升等级都会大幅度提高角色能力（强化）。玩家为了获得等级提升，就需要积累经验，而经验的积累，可以通过完成游戏中的任务来实现，这就构成了一个常见的发展机制。此外，游戏的发展机制还可以是获得分数、赢得资源、获得社会地位、赢得比赛等多种形式。当然，所有这些奖励都必须是玩家所珍视的，否则无法达成强化的效果。除了物质奖励之外，在游戏社群中获得具有社会重要性的成就奖励也往往很有效，比如成为世界领袖、获得屠龙英雄称号等。还是以《原神》为例，截至2.5版本，《原神》共有529个成就，分别包括探索成就、世界任务成就、主线成就、Boss成就、怪物成就、每日委托成就、其他成就等七个成就系统。成就系统为玩家提供了重要的积极反馈，标志着玩家向着胜利成功迈进。

需要额外注意的是成就在玩家间的分配机制。成就分配是零和游戏还是多赢游戏，这是一个重要的区别。如果是零和游戏，即某些玩家达成了该成就，则其他玩家无法达成，比如网易的武侠类多人竞技生存游戏《永劫无间》，最后胜利并赢得最高荣誉的只能是最后活下来的一组玩家，这就是一个零和游戏式的成就分配机制；而《原神》里诸如完成任务、提高等级等成就，任一玩家获得此成就，不影响其他玩家继续获得该成就，这就是多赢游戏的成就分配机制。

机制原则是游戏化体验的基石，但它并不能单独创造出能塑造和改变用户行为的体验。动态机制和情绪机制不可或缺。

（三）动态

如果说机制是由企业设定的，动态则不由企业设定，而是由玩家在游戏过程中形成，玩家的策略选择、玩家的互动、观众的存在和观众的反馈、游戏设计者和玩家的互动等都会影响动态，从而影响游戏化体验。培养和提高玩家的游戏能力，是一个常见的提高体验的手段。比如，《狼人杀》游戏，玩得不精彩，会降低参与者参与游戏的动机。所以《娱乐百分百——凹呜狼人杀》节目在邀请嘉宾时会尽量保证每局都有能力强者，能力强者受邀参与节目的概率更高。玩家的策略选择直接影响游玩质量。比如狼人角色，如果玩家抽到狼人角色，却不采用“悍跳预言家”的策略，也就是在第一个白天，狼人假扮预言家起身发言，并爆出虚假的查验结果，来干扰真预言家工作，扰乱好人的信息，降低投票正确率，那么，狼人不仅获胜率大降，而且局面往往不够精彩。因为，《狼人杀》本质上是一个轮次游戏，狼人如果在前期不利用信息不对称的优势，将之转化为轮次领先的优势，那么随着游戏发展到中后期，随着出局的人越来越多，玩家越来越少，狼人更难以隐藏身份，好人的投票优势会扩大。反之，“悍跳预言家”会带来更强的玩家间对抗，场面更多变，冲突加剧，游戏的戏剧性会更强。这就是所谓动态造就的游戏化体验。

（四）情绪

情绪是玩家遵循规则参与游戏，并制造出不同动态的结果。比如时间压力的设计，可以增加玩家的压迫感；玩家对抗性设计可以提升玩家的兴奋和紧张感；成就奖励，可以提升玩家的成就感、能力等。但是，除了规则和动态之外，情绪也可以来自其他设计。游戏化设计对商业活动的一个重要启发是，商业活动的设计不应该仅仅是实用导向的，还应该兼顾娱乐导向，让顾客在参与中获得快乐和享受。激发情绪的设计，可以来自音乐、美术、诗歌、美食、服装等带来的美感体验。比如，《原神》的发展路径，除了成就奖励系统对玩家发展行为的强化之外，还有一个重要的支撑就是玩家对角色的喜爱。玩家对角色的喜爱，会让玩家积极地投入角色养成中，包括但不限于发生以下行为：努力提高角色等级、充值购买游戏里的衣服、发展角色技能、长时间在游戏中游玩、争取稀有物品等。而这种对角色的喜爱，往往不仅仅来自一些理性的实用主义因素。比如《原神》世界观中七国之一璃月国的“岩王帝君”钟离，就是一位备受瞩目的角色，稳居受欢迎角色榜首。钟离受欢迎的原因很多，其中，七国中璃月国以中国为原型是一个重要的因素。它是“云想衣裳花想容，春风拂槛露华浓”的汉服，它是“危楼高百尺，手可摘星辰”的楼阁，它是“素练风霜起，苍鹰画作殊”的书画。中国文化的博大精深、神秘悠远对钟离的广受欢迎无疑起到了巨大的加成作用。这种文化审美还具象化为钟离的人物形象设计。游戏里，钟离的服饰包含着方胜纹、回纹、金龙等极具东方色彩的装饰。方胜纹传说中来自西王母的发饰，寓意吉祥，回纹则寓意繁荣昌盛，以体现钟离作为领导者的贤明，下半身融合了汉服跟长衫的特色，衣摆处绘有金色龙形纹饰，体现钟离的尊贵。钟离的名字来自民间神话传说，八仙之一汉钟离，汉钟离具有点石成金的神力，和钟离制造“摩拉”（《原神》中的货币系统）的设定相吻合[①]。

总的来说，机制、动态和情绪之间具有相互作用、相互成就的关系。良性而多样化的机制设计有利于玩家在游戏中产生更精彩的动态；具有丰富性、高竞争性、高合作性、时间压迫感强等特征的机制同样有利于情绪的调动；精彩动态有利于积极情绪的发生和积极情感状态的保持；积极情绪又有利于玩家作出独特的策略选择、游戏玩法，增加游戏动态的创新性。

除了 MDE 设计原则之外，Palmer 等（2012）提出了游戏设计的四个组件：一是游戏进程的路线设计；二是游戏反馈和奖励系统；三是构建社会联结；四是友好的游戏界面和用户体验。Palmer 等（2012）的游戏要素和 MDE 原则有共通之处，比如游戏进程的路线设计约等同于机制设计，游戏反馈和奖励系统是一种强化手段，社会联结是另一种强化手段，游戏界面和用户体验约等于动态和情绪。同时，它又提供了另一种游戏设计思路，比如，强调了社会联结的重要性，它不再只是作为另一种强化手段，而是作为四大独立组件之一，与反馈和奖励系统并立。

所有的企业都需要激励和吸引自己的利益相关者，这些利益相关者群体广泛，包括政府、银行、投资企业、供应商、经销商、员工、顾客等拥有各种企业所需资源的对象。这些对象无一例外都由人构成，而所有人的共性之一就是娱乐的心理需要。所以，游戏化是一个可以激励和吸引这些利益相关者的有效手段。以上仅仅介绍了多种游戏化设计法则中的一种，更多游戏化的理论成果有待管理者们将之运用于实践。毫无疑问的是，将游戏元素融入虚拟企业社会责任活动已经成为一大趋势，其广阔前景必将不可限量。

---

① 玉竹游戏：《〈原神〉中钟离的角色深度解读》，http：//game.yuzhuw.com/shouyou/145951.html，2023 年 7 月 26 日。

参考文献

陈武英，刘连启，2013. 模仿：心理学的研究述评[J]. 心理科学进展(10)：1833-1843.

邓新明，田志龙，刘国华，2011. 中国情景下企业伦理行为的消费者响应研究[J]. 中国软科学(2)：132-153.

樊帅，田志龙，胡小青，2017. 心理所有权视角下消费者参与虚拟CSR共创的影响研究[J]. 管理学报(3)：414-424.

樊帅，田志龙，林静，2014. 基于社会责任视角的企业伪善研究述评与展望[J]. 外国经济与管理(2)：2-12+23.

樊帅，田志龙，张丽君，2019. 虚拟企业社会责任共创心理需要对消费者态度的影响研究[J]. 管理学报(6)：883-895+948.

费孝通，2015. 乡土中国[M]. 北京：人民出版社，26-28.

高玉平，王丽娟，张小强，2014. V-M-BBI 模型下儒家价值观对消费行为的影响[J]. 辽宁工程技术大学学报(社会科学版)(1)：28-33.

郝云宏，唐茂林，王淑贤，2012. 企业社会责任的制度理性及行为逻辑：合法性视角[J]. 商业经济与管理(7)：74-81.

黄敏学，李小玲，朱华伟，2008. 企业被“逼捐”现象的剖析：是大众“无理”还是企业“无良”？[J]. 管理世界(10)：115-126.

江若尘，郑玲，2017. 善因营销的捐赠水平与消费者态度：一个有中介的调节效应模型检验[J]. 心理学报(5)：692-698.

江旭，马永远，2018. 环境不确定性、联盟绿色变革与联盟绩效[J]. 管理评论(3)：60-71.

焦娟妮，范钧，2019. 顾客—企业社会价值共创研究述评与展望[J]. 外国经济与管理(2)：72-83.

金碚，李钢，2006. 企业社会责任公众调查的初步报告[J]. 经济管理

(3)：13-16.

金立印，邹德强，裘理瑾，2009. 服务定制情境下选项的战略呈现：呈现框架对消费者选择的影响[J]. 南开管理评论(6)：90-100.

雷宇，2015. 慈善、“伪善”与公众评价[J]. 管理评论(3)：122-132.

刘柏，卢家锐，2018. “顺应潮流”还是“投机取巧”：企业社会责任的传染机制研究[J]. 南开管理评论(4)：182-194.

刘计含，王建琼，2017. 中国传统文化视角下的企业社会责任行为研究[J]. 管理世界(3)：184-185.

刘小平，邓文香，2019. 虚拟 CSR 共创对消费者认同的影响机制研究——自我建构的调节作用[J]. 软科学(12)：139-144.

罗鑫，2004. 追求目的与手段的平衡——一份关于企业伦理的民众调研报告[J]. 社会(6)：30-33.

骆紫薇，黄晓霞，陈斯允，2017. 企业为何履行社会责任却落得“伪善”名声？——企业社会责任类型和感知品牌伪善间的关系[J]. 心理科学进展(10)：1642-1655.

马龙龙，2011. 企业社会责任对消费者购买意愿的影响机制研究[J]. 管理世界(5)：120-126.

毛蕴诗，王婧，2019. 企业社会责任融合、利害相关者管理与绿色产品创新——基于老板电器的案例研究[J]. 管理评论(7)：149-161.

牟宇鹏，汪涛，王波，2012. 企业慈善战略为何适得其反？——消费者感知企业伪善研究[J]. 珞珈管理评论(2)：56-67.

潘煜，2009. 中国传统价值观与顾客感知价值对中国消费者消费行为的影响[J]. 上海交通大学学报(哲学社会科学版)(3)：53-61.

沈洪涛，苏亮德，2012. 企业信息披露中的模仿行为研究——基于制度理论的分析[J]. 南开管理评论(3)：82-90+100.

王德胜，2014. 儒家价值观对消费者 CSR 行为意向影响研究[J]. 山东大学学报(哲学社会科学版)(4)：52-61.

王静一，王海忠，2014. 企业社会责任活动中感知伪善的结构与量表开发[J]. 心理科学进展(7)：1075-1083.

吴华，张爱卿，唐擎，2018. 企业社会责任行为会促进组织污名管理吗？——基于归因理论视角[J]. 管理评论(7)：218-230.

辛杰，2013. 企业社会责任与品牌资产：消费者 CSR 体验与儒家价值观的作用[J]. 南方经济(1)：71-82.

张维迎，吴有昌，马捷，1995. 公有制经济中的委托人—代理人关系：理论分析和政策含义[J]. 经济研究(4)：10-20.

张维迎，余晖，1994. 西方企业理论的演进与最新发展[J]. 经济研究(11)：70-81.

支晓强，孙健，王永妍，2014. 高管权力、行业竞争对股权激励方案模仿行为的影响[J]. 中国软科学(4)：111-125.

周延风，罗文恩，肖文建，2007. 企业社会责任行为与消费者响应——消费者个人特征和价格信号的调节[J]. 中国工业经济(3)：62-69.

庄爱玲，余伟萍，2011. 道德关联品牌负面曝光事件溢出效应实证研究——事件类型与认知需求的交互作用[J]. 商业经济与管理(10)：60-67.

ABDEEN A, RAJAH E, GAUR S S, 2016. Consumers' beliefs about firm's CSR initiatives and their purchase behaviour[J]. Marketing Intelligence & Planning, 34(1)：2-18.

AGJION P, TIROLR J, 1997. Formal and real authority in organization [J]. Journal of Political Economy, 105(1)：1-29.

AlLCANIZ E B, CACERES R C, PEREZ R C, 2010. Alliances between brands and social causes：The influence of company credibility on social responsibility image[J]. Journal of Business Ethics, 96(2)：169-186.

ANDREWS M, LUO X, FANG Z, et al., 2014. Cause marketing effectiveness and the moderating role of price discounts[J]. Journal of Marketing, 78 (6)：120-142.

AQUINO K, FREEMAN D, REED II A, et al., 2009. Testing a social-cognitive model of moral behavior：The interactive influence of situations and moral identity centrality [J]. Journal of Personality and Social Psychology, 97(1)：123-141.

ARLI D I, HARI K L, 2010. Consumers' perception of corporate social responsibility in a developing country[J]. International Journal of Consumer Studies, 34(1)：46-51.

BAGHI I, RUBALTELLI E, TEDESCHI M, 2009. A strategy to communicate corporate social responsibility: Cause related marketing and its dark side [J]. Corporate Social Responsibility and Environmental Management, 16(1): 15-26.

BALL-ROKEACH S J, REARDON K, 1988. Monologue, dialogue, and telelog: Comparing an emergent form of communication with traditional forms [J]. Advancing communication science: Merging mass and interpersonal processes: 135-161.

BARCLAY P, 2006. Reputational benefits for altruistic punishment[J]. Evolution and Human Behavior, 27(5): 325-344.

BARONE M J, MIYAZAKI A D, TAYLOR K A, 2000. The influence of cause-related marketing on consumer choice: Does one good turn deserve another? [J]. Journal of the Academy of Marketing Science, 28(2): 248-262.

BASIL, DEBRA Z, PAUL M HERR, 2006. Attitudinal balance and cause-related marketing: An empirical application of balance theory [J]. Journal of Consumer Psychology, 16(4): 391-403.

BATSON C D, COLLINS E C, POWELL A A, 2006. Doing business after the fall: The virtue of moral hypocrisy[J]. Journal of Business Ethics, 66: 321-335.

BATSON C D, THOMPSON E R, CHEN H, 2002. Moral hypocrisy: Addressing some alternatives[J]. Journal of Personality and Social Psychology, 83(2): 330-339.

BATSON C D, THOMPSON E R, SEUFERLING G, et al., 1999. Moral hypocrisy: Appearing moral to oneself without being so [J]. Journal of Personality and Social Psychology, 77(3): 525-537.

BATSON C D, POLYCARPOU M P, HARNONJONES E, et al., 1997. Empathy and attitudes: Can feeling for a member of a stigmatized group improve feelings toward the group? [J]. Journal of Personality and Social Psychology, 72(1): 105-118.

BAUM J A, MEZIAS S J, 1992. Localized competition and organizational failure in the Manhattan hotel industry, 1898-1990[J]. Administrative Science

Quarterly: 580-604.

BEBBINGTON J, LARRINAGA C, MONEVA J M, 2008. Corporate social reporting and reputation risk management[J]. Accounting, Auditing & Accountability Journal, 21(3): 337-361.

BECKER-OLSEN K L, CUDMORE B A, HILL R P, 2006. The impact of perceived corporate social responsibility on consumer behavior[J]. Journal of Business Research, 59(1): 46-53.

BESTER S, JERE M G, 2012. Cause-related marketing in an emerging market: Effect of cause involvement and message framing on purchase intention [J]. Journal of Database Marketing & Customer Strategy Management, 19: 286-293.

BHATTACHARYA C B, KORCHUN D, SEN S, 2009. Strengthening Stakeholder-company relationships through mutually beneficial corporate social responsibility initiatives[J]. Journal of Business Ethic, 85(2): 257-272.

BHATTACHARYA C B, SEN S, 2003. Consumer-company identification: A framework for understanding consumers' relationships with companies[J]. Journal of Marketing, 67(2): 76-88.

BIEHAL G J, SHEININ D A, 2007. The influence of corporate messages on the product portfolio[J]. Journal of Marketing, 71(2): 12-25.

BLAIR, MARGARET M, 1996. Ownership and Control: Rethinking Corporate Governance for the 21st Century[J]. Choice Reviews Online, 33(6): 33-34.

BLANTON H, STUART A E, VAN DEN EIJNDEN R J J M, 2001. An introduction to deviance-regulation theory: The effect of behavioral norms on message framing[J]. Personality and Social Psychology Bulletin, 27(7): 848-858.

BOIRAL O, 2007. Corporate greening through ISO 14001: A rational myth? [J]. Organization Science, 18(1): 127-146.

BOWEN H R, 2013. Social responsibilities of the businessman[M]. Lowa: University of Iowa Press.

BRAMMER S, PAVELIN S, 2005. Corporate community contributions in the United Kingdom and the United States [J]. Journal of Business Ethics, 56(1): 15-26.

BRANCO M C, RODRIGUES L L, 2006. Positioning stakeholder theory within the debate on corporate social responsibility [J]. Electronic Journal of Business Ethics and Organization Studies, 12(1): 5-15.

BROWN T J, DACIN P A, 1997. The company and the product: Corporate associations and consumer product responses[J]. Journal of Marketing, 61(1): 68-84.

BRUNK K H, 2010. Exploring origins of ethical company/brand perceptions—A consumer perspective of corporate ethics[J]. Journal of Business Research, 63(3): 255-262.

BRUNSSON N, 1993. Ideas and actions: Justification and hypocrisy as alternatives to control[J]. Accounting Organizations and Society, 18(6): 489-506.

BRUNSSON N, 2007. The necessary hypocrisy[J]. The International Executive, 35(1): 1-9.

BRUNSSON N, 2002. The organization of hypocrisy: talk, decision and actions in organizations[M]. New York: Wiley & Sons.

BRUNSSON N, 1990. Deciding for responsibility and legitimation alternative interpretations of organizational decision-making [J]. Accounting, Organizations and Society, 15(1/2): 47-59.

BUSENITZ L W, 2000. Country institutional profiles: Unlocking entrepreneurial phenomena [J]. The Academy of Management Journal, 43(5): 994-1003.

CAMPBELL J L, 2007. Why would corporations behave in socially responsible ways? An institutional theory of corporate social responsibility[J]. Academy of Management Review, 32(3): 946-967.

CARROLL A B, 1979. Three-dimensional conceptual model of corporate performance[J]. Academe of Management Review, 4(4): 497-505.

CARROLL A B, 1999. Corporate social responsibility: Evolution of a definitional construct[J]. Business & society, 38(3): 268-295.

CARROLL A B, 1991. The pyramid of corporate social responsibility:

Toward the moral management of organizational stakeholders[J]. Business Horizons, 34(4): 39-48.

CARROLL G R, 1993. A sociological view on why firms differ[J]. Strategic Management Journal, 14(4): 237-249.

CHANDLER D, WERTHER W, 2014. Strategic corporate social responsibility: Stakeholders, globalization and sustainable value creation (3rd ed.) [M]. Thousand Oaks: SAGE Publications.

CHANEY D, LUNARDO R, BRESSOLLES G, 2016. Making the store a place of learning: The effects of in-store educational activities on retailer legitimacy and shopping intentions [J]. Journal of Business Research, 69 (12): 5886-5893.

CHANG C T, CHENG Z H, 2015. Tugging on heartstrings: Shopping orientation, mindset, and consumer responses to cause-related marketing [J]. Journal of Business Ethics, 127: 337-350.

CHARKHAM J, 1992. Corporate governance: Lessons from abroad [J]. European Business Journal, 4(2): 8-16.

CHEN X, HUANG R, YANG Z, et al., 2018. CSR types and the moderating role of corporate competence[J]. European Journal of Marketing, 52(7/8): 1358-1386.

CHERNEV A, BLAIR S, 2015. Doing well by doing good: The benevolent halo of corporate social responsibility [J]. Journal of Consumer Research, 4 (6): 1412-1425.

CHEUNG S N S, 1968. Private property rights and sharecropping [J]. Journal of Political Economy, 76(6): 1107-1122.

CHEUNG S N S, 1969. The theory of share tenancy[M]. Chicago: University of Chicago Press.

CHINTRAKARN P, JIRAPORN P, JIRAPORN N, et al., 2017. Estimating the effect of corporate social responsibility on firm value using geographic identification[J]. Asia-Pacific Journal of Financial Studies, 46(2): 276-304.

CHO C H, PATTEN D M, 2007. The role of environmental disclosures as tools of legitimacy: A research note[J]. Accounting, Organizations and Society,

32(7-8): 639-647.

CHO C H, LAINE M, ROBERTS R W, et al., 2015. Organized hypocrisy, organizational facades, and sustainability reporting[J]. Accounting Organizations and Society, 40(4): 78-94.

CHOWDHURY T G, KHARE A, 2011. Matching a cause with self-schema: The moderating effect on brand preferences[J]. Psychology & Marketing, 28(8): 825-842.

CHRISTAKIS N A, FOWLER J H, 2011. Commentary—contagion in prescribing behavior among networks of doctors[J]. Marketing Science, 30(2): 213-216.

CLARK J M, 1916. The changing basis of economic responsibility[J]. Journal of political economy, 24(3): 209-229.

CLARKSON M, 1994. A risk based model of stakeholder theory: Proceedings of the second toronto conference on stakeholder theory[M]. Toronto: Centre for Corporate Social Performance & Ethics, University of Toronto.

CLARKSON M E, 1995. A stakeholder framework for analyzing and evaluating corporate social performance[J]. Academy of Management Review, 20(1): 92-117.

CLEEREN K, VAN HEERDE H J, DEKIMPE M G, 2013. Rising from the ashes: How brands and categories can overcome product-harm crisis[J]. Journal of Marketing, 77(2): 58-71.

COUR A L, KROMANN J, 2011. Euphemisms and hypocrisy in corporate philanthropy[J]. Business Ethics a European Review, 20(3): 267-279.

COWEN S S, FERRERI L B, PARKER L D, 1987. The impact of corporate characteristics on social responsibility disclosure: A typology and frequency-based analysis[J]. Accounting, Organizations and Society, 12(2): 111-122.

CREYER E H, 1997. The influence of firm behavior on purchase intention: Do consumers really care about business Et[J]. Journal of Consumer Marketing, 14(6): 421-432.

DAHL D W, MOREAU C P, 2000. Thinking inside the box: Why consumers enjoy constrained creative experiences[J]. Journal of Marketing Research, 44

(8): 357-369.

DAWKINS J, LEWIS S, 2003. CSR in Stakeholder expectations: And their implication for company strategy[J]. Journal of Business Ethics, 44(2-3): 185-193.

DECI E L, RYAN R M, 1990. A Motivational approach to self: Integration in personality[J]. Nebraska Symposium on Motivation, 38(2): 237-288.

DEEPHOUSE D L, NEWBURRY W, SOLEIMANI A, 2016. The effects of institutional development and national culture on cross-national differences in corporate reputation[J]. Journal of World Business, 51(3): 463-473.

DEEPHOUSE D L, 1999. To be different, or to be the same? It's a question(and theory) of strategic balance[J]. Strategic Management Journal, 20(2): 147-166.

DEL MAR GARCÍA-DE LOS SALMONES M, PEREZ A, 2018. Effectivene ss of CSR advertising: The role of reputation, consumer attributions, and emotions[J]. Corporate Social Responsibility and Environmental Management, 25(2): 194-208.

DETERDING S, DIXON D, KHALED R, et al., 2011. From game design elements to gamefulness: Defining "gamification"[J]. In Proceedings of the 15th international academic MindTrek conference: Envisioning future media environments: 9-15.

DEVIN B, 2016. Half-truths and dirty secrets: Omissions in CSR communication[J]. Public Relations Review, 42(1): 226-228.

DIMAGGIO P J, POWELL W W, 1983. The iron cage revisited: Institutional isomorphism and collective rationality in organizational fields [J]. American Sociological Review, 48(2): 147-160.

DONALDSON T, DUNFEE TW, 1994. Toward a unified conception of business ethics: Integrative social contracts theory[J]. Academy of management Review, 19(2): 252-284.

DONALDSON T, DUNFEE T W, 1995. Integrative social contracts theory [J]. Economics and Philosophy, 11(1): 85-112.

DONALDSON T, PRESTON L E, 1995. The stakeholder theory of the corporation: Concepts, evidence, and implications[J]. The Academy of Management Review, 20(1): 65-91.

DU S, BHATTACHARYA C B, SEN S, 2010. Maximizing business returns to corporate social responsibility (CSR): The role of CSR communication [J]. International Journal of Management Reviews, 12(1): 8-19.

DUPREE J, 2000. Brand Spirit: How cause - related marketing builds brands[J]. Journal of consumer marketing, 17(5): 455-466.

ELKINGTON J, 1998. Partnerships from cannibals with forks: The triple bottom line of 21st-century business[J]. Environmental Quality Management, 8 (1): 37-51.

ELVERDAM C, ESPEN A, 2007. Game classification and game design: Construction through critical analysis[J]. Games and Culture, 2(1): 3-22.

ELVING W J, 2013. Scepticism and corporate social responsibility communications: The influence of fit and reputation[J]. Journal of Marketing Communications, 19(4): 277-292.

EROGLU S A, Machleit K A, Davis L M, 2003. Empirical testing of a model of online store atmospherics and shopper responses [J]. Psychology & Marketing, 20(2): 139-150.

FREEMAN, R E, 1998. The Corporation and Its Stakeholders: Classic and Contemporary Readings[M]. Toronto: University of Toronto Press, 125-138.

FASSIN Y, BUELENS M, 2011. The Hypocrisy - sincerity continuum in corporate communication and decision making: A model of corporate social responsibility and business ethics practices[J]. Management Decision, 49(4): 586-600.

FASSIN Y, 2005. The Reasons Behind Non-Ethical Behaviour in Business and Entrepreneurship[J]. Journal of Business Ethics, 60(3): 265-279.

FATMA M, KHAN I, RAHMAN Z, 2018. CSR and consumer behavioral responses: The role of customer~company identification[J]. Asia Pacific Journal of Marketing and Logistics, 30(2): 460-477.

FISHER C D, 1978. The effects of personal control, competence, and extrinsic reward systems on intrinsic motivation[J]. Organizational Behavior and

Human Performance, 21(3): 273-288.

FISS P C, ZAJAC E J, 2006. The symbolic management of strategic change: Sensegiving via framing and decoupling[J]. Academy of Management Journal, 49(6): 1173-1193.

FLAMMER C, 2015. Foster corporate social responsibility? Evidence from trade liberalization[J]. Strategic Management Journal, 36(10): 1469-1485.

FOMBRUN C J, 1996. Reputation: Realizing Value From the Corporate Image[M]. Boston: Harvard Business School Press, 266-287.

FOREHAND M R, GRIER S, 2003. When is honesty the best policy? The effect of stated company intent on consumer skepticism[J]. Journal of Consumer Psychology, 13(3): 349-356.

FORTE M, LAMONT B T, 1998. The bottom line effects of greening[J]. Academy of Management Perspectives, 12(1): 89-90.

FREDERICK W G, 1988. An ethics roundtable: The culprit is culture[J]. Management Review, 77(8): 48-50.

FREEMAN R E, 2010. Strategic management: A stakeholder approach [M]. Cambridge: Cambridge University Press.

FREEMAN R E, HARRISON J S, WICKS A C, 2007. Managing for stakeholders: Survival, reputation, and succesr[M]. New Haven: Yale University Press.

FREEMAN R E, EVAN W M, 1990. Corporate governance: A stakeholder interpretation[J]. Journal of Behavioral Economics, 19(4): 337-359.

FRIDLAND E, MOORE R, 2015. Imitation reconsidered[J]. Philosophical Psychology, 28(6): 856-880.

Friedman M, 2007. Corporate Ethics and Corporate Governance[M]. Berlin, Heidelberg: Springer, 173-178.

FRIEDMAN T L, 2007. The World Is Flat 3. 0: A arief history of the twenty-first century[M]. New York: Picador, 114-115.

GHONIM, WAEL, 2012. Revolution 2. 0: The power of the people is greater than the people in power: A memoir[M]. Boston: Houghton Mifflin Harcourt.

GNEEZY A, GNEEZY U, RIENER G, et al., 2012. Pay-what-youwant, identity, and self-signaling in markets[J]. Proceedings of the National Academy of Sciences of the United States of America, 109(19): 7236-7240.

GODFREY P C, MERRILL C B, HANSEN J M, 2009. The relationship between corporate social responsibility and shareholder value: An empirical test of the risk management hypothesis[J]. Strategic Management Journal, 30(4): 425-445.

GODFREY P C, 2005. The relationship between philanthropy and shareholder wealth: A risk management perspective[J]. Academy of Management, 30(4): 777-798.

GOFFMAN E, 1997. Self-presentation[M]. Oxford: In the Goffman Reader, Blackwell Publishers Ltd.

GOMEZ, LINA M, LUCELY VARGAS-PRECIADO, 2016. 140 characters for CSR communication: An exploration of twitter engagement of fortune companies [M]. Accountability and social responsibility: International perspectives. Emerald Group Publishing Limited, 205-221.

GONZÁLEZ RODRÍGUEZ R, CARDENTEY GARCÍA J, 2015. La historia clínica médica como documento médico legal[J]. Revista Médica Electrónica, 37(6): 648-653.

GOURVILLE J, TAND RANGAN V K, 2004. Valuing the cause marketing relationship[J]. California Management Review, 47(1): 38-57.

GRAU S L, FOLSE J A G, 2007. Cause-Related Marketing(CRM): The influence of donation proximity and message-framing cues on the less-involved consumer[J]. Journal of Advertising, 36(4): 19-33.

GRAY R, 2002. The social accounting project and accounting organizations and society: Privileging engagement, imaginings, new accountings and pragmatism over critique? accounting[J]. Organizations and Society, 27(7): 47-62.

GRISKEVICIUS V, TYBUR J M, VAN DEN BERGH B, 2010. Going green to be seen: Status, reputation, and conspicuous conservation [J]. Journal of Personality and Social Psychology, 98(3): 392-404.

GROENING C, KANURI V K, 2018. Investor reactions to concurrent positive and negative stakeholder news[J]. Journal of Business Ethics, 149(4):

833-856.

GROHMANN B, BODUR H O, 2015. Brand social responsibility: Conceptualization, measurement, and outcomes[J]. Journal of Business Ethics, 131(2): 375-399.

GROLLEAU G, IBANEZ L, LAVOIE N, 2016. Cause-related marketing of products with a negative externality[J]. Journal of Business Research, 69(10): 4321-4330.

GROSSMAN S J, HART O D, 1986. The costs and benefits of ownership: A theory of vertical and lateral integration[J]. Journal of Political Economy, 94(4): 691-719.

GROZA M D, PRONSCHINSKE MR, WALKER M, 2011. Perceived organizational motives and consumer responses to proactive and reactive CSR[J]. Journal of Business Ethics, 102(4): 639-652.

GRUBER V, KALIAUER M, SCHLEGELMITCH B B, 2017. Improving the effectiveness and credibility of corporate social responsibility messaging: An austrian model identifies influential CSR content and communication channels[J]. Journal of Advertising Research, 57(4): 397-409.

GUERREIRO J, RITA P, TRIGUEIROS D, 2015. Attention, emotions and cause-related marketing effectiveness[J]. European Journal of marketing, 49(11): 1728-1750.

HAMBY, ANNE, DAVID BRINBERG, et al., 2017. Reflecting on the journey: Mechanisms in narrative persuasion[J]. Journal of Consumer Psychology, 27(1): 11-22.

HANKS L, LINE N D, MATTILA A S, 2016. The impact of self-service technology and the presence of others on cause-related marketing programs in restaurants[J]. Journal of Hospitality Marketing & Management, 25(5): 5-562.

HART O, MOORE J, 1990. Property rights and the nature of the firm[J]. Journal of Political Economy, 98(6): 1119-1158.

HARWOOD T, GARRY T, 2015. An investigation into gamification as a customer engagement experience environment[J]. Journal of Services Marketing,

29(6-7): 533-546.

HE H, Zhu W, GOURAN D, et al., 2016. Moral identity centrality and cause-related marketing: The moderating effects of brand social responsibility image and emotional brand attachment[J]. European Journal of Marketing, 50(1): 236-259.

HEIDER F, 2013. The psychology of interpersonal relations[M]. New York: Psychologg Press, 336.

HENDERSON J C, 2007. Corporate social responsibility and tourism: Hotel companies in Phuket, thailand, after the indian ocean tsunami[J]. International Journal of Hospitality Management, 26(1): 228-239.

HOLZER B, 2008. Turning stakeseekers into stakeholders: A political coalition perspective on the politics of stakeholder influence[J]. Business &Society: Founded at Roosevelt University, 47(1): 50-67.

HOMBURG C, STIERL M, BORNEMANN T, 2013. Corporate social responsibility in business-to-business markets: How organizational customers account for supplier corporate social responsibility engagement[J]. Journal of Marketing, 77(6): 54-72.

HOMBURG C, WIESEKE J, HOYER W D, 2009. Social identity and the service-profit Chain[J]. Journal of Marketing, 73(2): 38-54.

HOOGHIEMSTRA R, 2000. Corporate communication and impression management-new perspectives why companies engage in corporate social reporting[J]. Journal of Business Ethics, 27(1-2): 55-68.

HORBERG E J, OVEIS C, KELTNER D, et al., 2009. Disgust and the moralization of purity[J]. Journal of Personality and Social Psychology, 97(6): 963.

HOREN F V, PIETERS R, 2017. Out-of-Category brand imitation: Product categorization determines copycat evaluation[J]. Journal of Consumer Research, 44(4): 816-832.

HOU J, DU L, LI J, 2008. Cause's attributes influencing consumer's purchasing intention: Empirical evidence from China[J]. Asia Pacific Journal of Marketing and Logistics, 20(4): 363-380.

HOU T C T, 2019. The relationship between corporate social responsibility and sustainable financial performance: Firm-level evidence from Taiwan[J]. Corporate Social Responsibility and Environmental Management, 26(1): 19-28.

HOWIE K M, YANG L, VITELL S J, et al., 2018. Consumer participation in cause-related marketing: An examination of effort demands and defensive denial[J]. Journal of Business Ethics, 147: 679-692.

HSIEH Y C, CHIU H C, TANG Y C, et al., 2018. Does raising value co-creation increase all customers' happiness[J]. Journal of Business Ethics, 152(4): 1053-1067.

HUANG X, DONG P, MUKHOPADHYAY A, 2014. Proud to belong or proudly different? Lay theories determine contrasting effects of incidental pride on uniqueness seeking[J]. Journal of Consumer Research, 41(3): 697-712.

HUERTAS-GARCIARCÍA R, LENGLER J, CONSOLACIÓN-SEGURA C, 2017. Co-branding strategy in cause-related advertising: The fit between brand and cause[J]. Journal of Product & Brand Management, 26(2): 135-150.

HUNICKE R, LEBLANC M, ZUBEK R, 2001. MDA: A formal approach to game design and game research[C]. Proceedings of the AAAI Workshop on Challenges in Game AI, 4(1): 1722.

HUR W M, KIM H, WOO J, 2014. How CSR leads to corporate brand equity: Mediating mechanisms of corporate brand credibility and reputation[J]. Journal of Business Ethics, 125(1): 75-86.

HUR W M, KIM Y, 2017. How does culture improve consumer engagement in CSR initiatives? The mediating role of motivational attributions[J]. Corporate Social Responsibility and Environmental Management, 24(6): 620-633.

HUSTED B W, Jamali D, Saffar W, 2016. Near and dear? The role of location in CSR engagement[J]. Strategic Management Journal, 37(10): 2050-2070.

HUZZARD T, OSTERGREN K, 2002. When norms collide: Learning under organizational hypocrisy[J]. British Journal of Management, 13(3): 47-59.

IDOWU S O, TOWLER B A, 2004. A comparative study of the contents of corporate social responsibility reports of UK companies[J]. Management of Environmental Quality: An International Journal, 15(4): 420-437.

ITOH H, 1991. Incentives to help in multi-agent situations[J]. Econometrica: Journal of the Econometric Society, 611-636.

JAHDI K S, ACIKDILLI G, 2009. Marketing communications and corporate social responsibility: Marriage of convenience or shotgun wedding? [J]. Journal of Business Ethics, 88(1): 103-113.

JANNEY J J, GOVE S, 2011. Reputation and corporate social responsibility aberrations, trends, and hypocrisy: Reactions to firm choices in the stock option backdating scandal [J]. Journal of Management Studies, 48 (7): 1562-1585.

JENSEN M C, 2001. Value Maximization, stakeholder theory, and the corporate objective function[J]. Journal of Applied Corporate Finance, 14(3): 8-21.

JIA M, ZHANG Z, 2014. How does the stock market value corporate social performance? When behavioral theories interact with stakeholder theory [J]. Journal of Business Ethics, 125(3): 433-465.

JOHNSON J, HOLUD M, 2003. Questioning organizational legitimacy: The case of U. S. expatriates[J]. Journal of Business Ethics, 47(3): 269-293.

JURIETTI E, MANDELLI, FUDURI C M, 2017. How do virtual corporate social responsibility dialogs generate value? A case study of the unilever sustainable living lab[J]. Corporate Social Responsibility and Environmental Management, 24(5): 357-367.

KAPLAN A M, HAENLEIN M, 2010. Users of the world, unite! The challenges and opportunities of social media[J]. Business Horizons, 53(1): 59-68.

KEH H T, XIE Y, 2009. Corporate reputation and customer behavioral intentions: The roles of trust, identification and commitment[J]. Industrial marketing management, 38(7): 732-742.

KELLER K L, 1998, Strategic brand management: Building, Measuring, and Managing Brand Equity[M]. Upper Sadolle River: Prentice-Hall.

KERRA A H, DAS N, 2013. Thinking about fit and donation format in cause marketing: The effects of need for cognition[J]. Journal of Marketing Theory & Practice, 21(1): 103-112.

KIM H R, LEE M, LEE H T, et al., 2010. Corporate social responsibility and employee-company identification[J]. Journal of Business Ethics, 95(4): 557-569.

KIM J E, JOHNSON K K P, 2013. The impact of moral emotions on cause-related marketing campaigns: A cross-cultural examination[J]. Journal of Business Ethics, 112(1): 79-90.

KIM M S, KIM D T, KIM J I, 2014. CSR for sustainable development: CSR beneficiary positioning and impression management motivation[J]. Corporate Social Responsibility and Environmental Management, 21(1): 14-27.

KIM S, 2019. The process model of corporate social responsibility (CSR) communication: CSR communication and its relationship with consumers' CSR knowledge, trust, and corporate reputation perception[J]. Journal of Business Ethics, 154(4): 1143-1159.

KIM J S, SONG H, LEE C K, et al., 2017. The impact of four CSR dimensions on a gaming company's image and customers' revisit intentions[J]. International Journal of Hospitality Management, 61: 73-81.

KIM S, 2014. What's worse in times of product-harm crisis? negative corporate ability or negative CSR reputation? [J]. Journal of Business Ethics, 123(1): 157-170.

KIRKPATRICK D, 2011. The Facebook effect: The inside story of the company that is connecting the world[M]. New York: Simon and Schuster.

KLEIN J, DAWAR N, 2004. Corporate social responsibility and consumers' attributions and brand evaluations in a product-harm crisis[J]. International Journal of Research in Marketing, 21(3): 203-217.

KLEMENT P, URŠA G, 2007. CSR Expectations: The focus of corporate marketing[J]. Corporate Communications an International Journal, 12(4): 326-340.

KORSCHUN D, Du S L, 2012. How virtual corporate social responsibility dialogs generate value: A framework and propositions[J]. Journal of Business Research, 66(9): 1494-1504.

KOSCHATE-FISCHER N, STEFAN I V, Hoyer W D, 2012. Willingness to pay for cause-related marketing: The impact of donation amount and moderating effects[J]. Journal of Marketing Research, 49(6): 910-927.

KOSTOVA T, ZAHEER S, 1999. Organizational legitimacy under conditions of complexity: The case of the multinational enterprise[J]. Academy of Management Review, 24(1): 64-81.

KOSTOVA T, ROTH K, DACIN M T, 2008. Institutional theory in the study of multinational corporations: A critique and new directions[J]. Academy of Management Review, 33(4): 994-1006.

KSHETRI N, 2007. Institutional factors affecting offshore business process and Information technology outsourcing[J]. Journal of International Management, 13(1): 38-56.

KUO A, RICE D H, 2015. The impact of perceptual congruence on the effectiveness of cause-related marketing campaigns[J]. Journal of Consumer Psychology, 25(1): 78-88.

LACOUR A, KROMANN J, 2011. Euphemisms and hypocrisy in corporate philanthropy[J]. Business Ethics: A European Review, 20(3): 267-279.

LACETERA N, MACIS M, 2010. Do all material incentives for pro-social activities backfire? The response to cash and non-cash incentives for blood donations[J]. Journal of Economic Psychology, 31(4): 738-748.

LACEY M Y, GROVES K, 2014. Talent management collides with corporate social responsibility: Creation of inadvertent hypocrisy[J]. Journal of Management Development, 33(4): 399-409.

LAFFERTY B A, 2007. The relevance of fit in a cause-brand alliance when consumers evaluate corporate credibility[J]. Journal of Business Research, 60(5): 447-453.

LAFFERTY B A, GOLDSMITH R E, HULT G T M, 2004. The impact of the alliance on the partners: A look at cause-brand alliances[J]. Psychology &

Marketing, 21(7): 509-531.

LAMMERS J, STAPEL D A, GALINSKY A D, 2010. Power and hypocrisy: Power increases hypocrisy moralizing in reasoning, immorality in behavior [J]. Psychological Science, 21(5): 737-744.

LANGE D, WASHBURN N T, 2012. Understanding attributions of corporate social irresponsibility[J]. Academy of Management Review, 37(2): 300-326.

LATHA P, CATHERINE D S, 2016. Corporate social responsibility and organizational psychology: an integrative review[J]. Frontiers in Psychology, 144(7): 1-13.

LAZEAR E P, 1979. Why is there mandatory retirement? [J]. Journal of Political Economy, 87(6): 1261-1284.

LEE S Y, ZHANG W, ABITBOL A, 2019. What makes CSR communication lead to CSR participation? Testing the mediating effects of CSR associations, CSR credibility, and organization-public relationships[J]. Journal of Business Ethics, 157(2): 413-429.

LEE E M, PARK S Y, RAPERT M I, et al., 2012. Does perceived consumer fit matter in corporate social responsibility issues?[J]. Journal of Business Research, 65(11): 1558-1564.

LEE Y J, YOON H J, O'DONNELL N H, 2018. The effects of information cues on perceived legitimacy of companies that promote corporate social responsibility initiatives on social networking sites[J]. Journal of Business Research, 83: 202-214.

LEONIDOU C N, SKARMEAS D, 2017. Gray shades of green: Causes and consequences of green skepticism[J]. Journal of Business Ethics, 144(2): 401-415.

LERNER L D, FRYXELL G E, 1988. An empirical study of the predictors of corporate social performance: A multi-dimensional analysis[J]. Journal of Business Ethics, 7(12): 951-959.

LIEBERMAN M B, ASABA S, 2006. Why do firms imitate each other[J]. Academy of Management Review, 31(2): 366-385.

LONNER W J, 1980. The search for psychological universals[J]. Handbook of Cross-cultural Psychology(1): 143-204.

LOUREIRO S M C, LOPE J, 2019. How corporate social responsibility initiatives in social media affect awareness and customer engagement[J]. Journal of Promotion Management, 25(3): 419-438.

LUO X, BHATTACHARYA C, 2006. Corporate social responsibility, customer satisfaction, and market value[J]. Journal of Marketing,70(4): 1-18.

MAHONEY L S, THORNE L, 2005. Corporate social responsibility and long-term compensation: Evidence from canada[J]. Journal of Business Ethics, 57(3): 241-253.

MAIGNAN I, 2001. Consumers' perceptions of corporate social responsibilities: A cross-cultural comparison[J]. Journal of Business Ethics, 30(1): 57-72.

MANTERE S, PAJUNEN K, LAMBERG J A, 2009. Vices and virtues of corporate political activity: The challenge of international business[J]. Business and Society, 48(1): 105-132.

MANTOVANI D, DE ANDRADE L M, NEGR O A, 2017. How motivations for CSR and consumer-brand social distance influence consumers to adopt pro-social behavior[J]. Journal of Retailing and Consumer Services(36): 156-163.

MARGOLIS J D, ELFENBEIN H A, 2008. Do well by doing good? Don't count on it[J]. Harvard Business Review, 86(1): 19-20.

MARGOLIS J D, ELFENBEIN H A, WALSH J P, 2009. Does it pay to be good and does it matter? A meta-analysis of the relationship between corporate social and financial performance[J]. SSRN Electronic fournal.

MARÍN L, CUESTAS P J, ROMÁN S, 2016. Determinants of consumer attributions of corporate social responsibility[J]. Journal of Business Ethics, 138(2): 247-260.

MARK-UNGERICHT B, WEIKOPF R, 2007. Filling the empty shell. the public debate on CSR in Austria as a paradigmatic example of a political discourse[J]. Journal of Business Ethics, 70(3): 285-297.

MARNBURG E, 2001. The questionable use of moral development theory in studies of business ethics: Discussion and empirical findings[J]. Journal of

Business Ethics, 32(4): 275-283.

MARQUIS C, GLYNN M A, DAVIS G F, 2007. Community isomorphism and corporate social action [J]. Academy of Management Review, 32(3): 925-945.

MATSUMOTO D, YOO S H, FONTAINE J, 2009. Hypocrisy or maturity? Culture and context differentiation [J]. European Journal of Personality, 23 (3): 251-264.

MATTINGLY J E, BERMAN S, 2006. Measurement of corporate social action: Discovering taxonomy in the kinder lydenburg domini rating data[J]. Business and Society, 45(1): 20-46.

MCELROY K M, SIEGFRIED J J, 1985. The effect of firm size on corporate philanthropy [J]. Quarterly Review of Economics and Business, 25 (2): 18-26.

MCLUHAN, MARSHALL, 1994. Understanding media: The extensions of man[M]. Cambridge: MIT press.

MCMILLAN J, 1991. Dango: JAPAN'S price-fixing conspiracies[J]. Economics & Politics, 3(3): 201-218.

MCNAMARA G, DEEPHOUSE D L, LUCE R A, 2003. Competitive positioning within and across a strategic group structure: The performance of core, secondary, and solitary firms [J]. Strategic Management Journal, 24 (2): 161-181.

MCWILLIAMS A, SIEGEL D, 2001. Profit maximizing corporate social responsibility[J]. Academy of Management Review, 26(4): 504-505.

MEYER J W, BRIAN R, 1977. Institutionalized organizations: Formal structure as myth and ceremony [J]. American Journal of Sociology, 83 (2): 340-363.

MICHAEL E, PORTER, MARK R, et al., 2006. Strategy and Society: The link between competitive advantage and corporate social responsibility [J]. Harvard Business Review, 12: 78-93.

MISHRA S, MODI S B, 2016. Corporate social responsibility and shareholder wealth: The role of marketing Capability [J]. Journal of Marketing, 80

(1): 26-46.

MITCHELL R K, AGLE B R, WOOD D J, 1997. Toward a theory of stakeholder identification and salience: Defining the principle of who and what really counts[J]. Academy of Management Review, 22(4): 853-886.

MOHR L A, WEBB D J, HARRIS K E, 2001. Do consumers expect companies to be socially responsible? The impact of corporate social responsibility on buying behavior[J]. Journal of Consumer Affairs, 35(1): 45-72.

MOHR L A, WEBB D J, 2005. The effects of corporate responsibility and price on consumer responses[J]. Journal of Consumer Affairs, 39(1): 121-147.

MONSEN R J, 1972. Social responsibility and the corporation: Alternatives for the future of capitalism[J]. Journal of Economic Issues, 6(1): 125-141.

MOOSMAYER D C, FULJAHN A, 2010. Consumer perceptions of cause related marketing campaigns[J]. Journal of Consumer Marketing, 27(6): 543-549.

MOOSMAYER D C, FULJAHN A, 2013. Corporate motive and fit in cause related marketing[J]. Journal of Product & Brand Management, 22(3): 200-207.

MORSING M, SCHULTZ M, 2006. Corporate social responsibility communication: Stakeholder information, response and involvement strategies[J]. Business Ethics: A European Review, 15(4): 323-338.

MÜLLER S S, FRIES A J, GEDENK K, 2014. How much to give? —The effect of donation size on tactical and strategic success in cause-related marketing[J]. International Journal of Research in Marketing, 31(2): 178-191.

MUNCY J A, VITELL S J, 1992. Consumer ethics: An investigation of the ethical beliefs of the final consumer[J]. Journal of Business Research, 24(4): 297-311.

MURRAY K B, VOGEL C M, 1997. Using a hierarchy - of - effects approach to gauge the effectiveness of corporate social responsibility to generate goodwill toward the firm: Financial versus nonfinancial impacts[J]. Journal of business research, 38(2): 141-159.

NAHAPIET J, GHOSHAL S, 1998. Social capital, intellectual capital and the organizational advantage[J]. Academy of Management Review, 23(2): 242-266.

NAMKUNG Y, JANG S C, 2010. Effects of perceived service fairness on emotions, and behavioral intentions in restaurants[J]. European Journal of Marketing, 44(9-10): 1233-1259.

NAN X, HEO K, 2007. Consumer responses to corporate social Responsibility(CSR) initiatives: Examining the role of brand-cause fit in cause-related marketing[J]. Journal of Advertising, 36(2): 63-74.

NEGROPONTE N, 1996. Books without pages[J]. ACM SIGDOC Asterisk Journal of Computer Documentation, 20(3): 2-8.

ÖBERSEDER M, SCHLEGELMILCH B B, MURPHY P E, et al., 2014. Consumers' perceptions of corporate social responsibility: Scale development and validation[J]. Journal of Business Ethics, 124(1): 101-115.

ÖBERSEDER M, SCHLEGELMILCH B B, MURPHY P E, 2013. CSR practices and consumer perceptions[J]. Journal of Business Research, 66(10): 1839-1851.

OKAZAKI S, PLANGGER K, WEST D, et al., 2020. Exploring digital corporate social responsibility communications on Twitter[J]. Journal of Business Research, 117: 675-682.

ORTIZ-DE-MANDOJANA N, AGUILERA-CARACUEL J, MORALES-RAYA M, 2016. Corporate governance and environmental sustainability: The moderating role of the national institutional context[J]. Corporate Social Responsibility & Environmental Management, 23(3): 150-164.

PALIHAWADANA D, OGHAZI P, LIU Y, 2016. Effects of ethical ideologies and perceptions of CSR on consumer behavior[J]. Journal of Business Research, 69(11): 4964-4969.

PANAPANAAN V M, LINNANEN L, KARVONEN M M, et al., 2003. Roadmapping corporate social responsibility in Finnish companies[J]. Journal of Business Ethics, 44: 133-148.

PARGUEL B, BENOÎT-MOREAU F, LARCENEUX F, 2011. How sustainability ratings might deter 'greenwashing': A closer look at ethical corporate communication[J]. Journal of Business Ethics, 102(1): 15-28.

PEREZ-BATRES L A, MILLER V V, PISANI M J, 2010. CSR, sustainability and the meaning of global reporting for latin american corporations[J]. Journal of Business Ethics, 91(2): 193-209.

PETRENKO O V, AIME F, RIDGE J, et al., 2016. Corporate social responsibility or CEO narcissism? CSR motivations and organizational performance [J]. Strategy Management Journal, 37(2): 262-279.

PHARR J R, LOUGH N L, 2012. Differentiation of social marketing and cause-related marketing in US professional sport[J]. Sport Marketing Quarterly, 21: 91.

PIRSCH J, GUPTA S, GRAU S L, 2004. A framework for understanding corporate social responsibility programs as a continuum: An exploratory study [J]. Journal of Business Ethics, 70: 125-140.

POMERING A, DOLNICAR S, 2009. Assessing the prerequisite of successful CSR implementation: Are consumers aware of CSR initiatives? [J]. Journal of Business Ethics, 85: 285-301.

PORTER M E, KRAMER M R, 2018. Creating shared value: How to reinvent capitalism—And unleash a wave of innovation and growth[M]. Managing sustainable business: An executive education case and textbook: 323-346.

PORTER M E, LINDE C, 1995. Toward a new conception of the environment-competitiveness relationship[J]. Journal of Economic Perspectives, 9(4): 97-118.

PORTER M, KRAMER M, 2011. La creación de valor compartido[J]. Harvard Business Review, 89(1): 32-49.

PORTER M E, KRAMER M R, 2016. The link between competitive advantage and corporate social responsibility[J]. Harvard Business Review, 84(12): 78-92.

POSTER, MARK, 2001. What's the Matter with the Internet? [M]. Minnesota: U of Minnesota Press.

POSTMAN N, MAURO B, 2003. Divertirsi da morire: Il discorso pubblico nell'era dello spettacolo[M]. Venezia: Marsilio.

PREACHER K J, HAYES A F, 2004. SPSS and SAS Procedures for Estimating Indirect Effects in Simple Mediation Models[J]. Behavior Research Methods Instruments & Computers, 36(4): 717-731.

QU R, 2007. Effects of government regulations, market orientation and ownership structure on corporate social responsibility in China: An empirical study[J]. International Journal of Management, 24(3): 582-591.

RADNER R, 1981. Monitoring cooperative agreements in a repeated principal-agent relationship[J]. Econometrica: Journal of the Econometric Society: 1127-1148.

RIFON N J, CHOI S M, TRIMBLE C S, et al., 2004. Congruence effects in sponsorship: The mediating role of sponsor credibility and consumer attributions of sponsor motive[J]. Journal of Advertising, 33(1): 30-42.

RIM H, YANG S U, LEE J, 2016. Strategic partnerships with nonprofits in corporate social responsibility (CSR): The mediating role of perceived altruism and organizational identification[J]. Journal of Business Research, 69(9): 3213-3219.

RIM H, DONG C, 2018. Trust and distrust in society and public perception of CSR: A cross-cultural study[J]. Social Responsibility Journal, 14(1): 1-19.

BUSINESS INSIDER. Stock market investors have become absurdly impatient [EB/OL]. (2012-8-7)[2024-1-11]. https://www.businessinsider.com/stock-investor-holding-period-2012-8.

ROBSON K, PLANGGER K, KIETZMANN J H, et al., 2015. Is it all a game? Understanding the principles of gamification[J]. Business Horizons, 58(4): 411-420.

ROHINI A, BURNKRANT R E, HUNNAVA R, 2000. Consumer response to negative publicity: The moderating role of commitment[J]. Journal of Marketing Research, 37(5): 203-214.

RUBINSTEIN A, 1979. Equilibrium in supergames with the overtaking criterion[J]. Journal of Economic Theory, 21(1): 1-9.

RUSSELL D W, RUSSELL C A, 2010. Here or there? Consumer reactions to corporate social responsibility initiatives: Egocentric tendencies and their moderators[J]. Marketing Letters, 21(1): 65-81.

RUSSO A, PERRINI F, 2010. Investigating stakeholder theory and social capital: CSR in large firms and SMEs[J]. Journal of Business Ethics, 91: 207-221.

SALMONES G D L M, PEREZ A, 2018. Effectiveness of CSR advertising: The role of reputation, consumer attributions, and emotions[J]. Corporate Social Responsibility and Environmental Management, 25(2): 194-208.

SAVARY J, GOLDSMITH K, DHAR R, 2015. Giving against the odds: When tempting alternatives increase willingness to donate[J]. Journal of Marketing Research, 52(1): 27-38.

SCHWARTZ B, TILLING K, 2009. Isolating corporate social responsibility in the organizational context: A dissenting interpretation of ISO 26000[J]. Corporate Social Responsibility and Environmental Management, 16(3): 289-299.

SCOTT W R, 2001. Institutions and organizations(2nd ed.)[M]. Thousand Oaks: Sage Publications.

SEN, S. AND BHATTACHARYA, CB, 2001. Does doing good always lead to doing better? Consumer reactions to corporate social responsibility[J]. Journal of Marketing Research, 38(2): 225-243.

SEN A, 1993. Does business ethics make economic sense[J]. Business Ethics Quarterly, 3(1): 45-54.

SHELDON O, 2004. The philosophy of management[M]. London: Routledge.

SHIM K J, YANG S U, 2016. The effect of bad reputation: The occurrence of crisis, corporate social responsibility, and perceptions of hypocrisy and attitudes toward a company[J]. Public Relations Review, 42(1): 68-78.

SHIRKY C, 2009. Here comes everybody: The power of organizing without organizations[M]. New York: Penguin Books.

SHLEIFER A, VISHNY R W, 1997. A survey of corporate governance[J].

The Journal of Finance, 52(2): 737-783.

SIMONIN B L, JULIE A R, 1998. Is a company known by the company it keeps? Assessing the spillover effects of brand alliances on consumer brand attitudes[J]. Journal of Marketing Research, 35(1): 30-42.

SIMPSON A, RIGGS K J, 2011. Three-and 4-year-olds encode modeled actions in two ways leading to immediate imitation and delayed emulation[J]. Developmental Psychology, 47(3): 834-840.

SINGH N, 2009. Exploring socially responsible behaviour of Indian consumers: An empirical investigation[J]. Social Responsibility Journal, 5(2): 200-211.

SIRNIVASAN R, LILIEN G L, 2002. Technological opportunism and radical technology adoption: An application to E-business[J]. Journal of Marketing, 66(3): 47-60.

SKARMEAS D, LEONIDOU C N, 2013. When consumers doubt, watch out! The role of CSR skepticis[J]. MJournal of Business Research, 66(10): 1831-1838.

SMITH, C A, ELLSWORTH P C, 1985. Patterns of cognitive appraisal in emotion[J]. Journal of Personality and Social Psychology, 48(4): 813.

STANALAND A J, LWIN M O, MURPHY P E, 2011. Consumer perceptions of the antecedents and consequences of corporate social responsibility[J]. Journal of Business Ethics, 102(1): 47-55.

STRAHILEVITZ M, MYERS J G, 1998. Donations to charity as purchase incentives: How well they work may depend on what you are trying to sellJ[J]. Ournal of Consumer Research, 24(4): 434-446.

STRANG D, JOHN W M, 1993. Institutional conditions for diffusion[J]. Theory and Society, 22: 487-511.

SUBIAUL F, 2010. Dissecting the imitation faculty: The multiple imitation mechanisms(MIM) hypothesis[J]. Behavioural Processes, 83(2): 222-234.

SUCHMAN M C, 1995. Managing legitimacy: Strategic and institutional approaches[J]. Academy of Management Review, 20(6): 571-610.

SURROCA J, TRIBÓ J A, WADDOCK S, 2010. Corporate responsibility and financial performance: The role of intangible resources[J]. Strategic Management Journal, 31(5): 463-490.

SWEENEY J C, SOUTAR G N, 2001. Consumer perceived value: The development of a multiple item scale[J]. Journal of Retailing, 77(2): 203-220.

TAPSCOTT D, TICOLL D, 2003. The naked corporation: How the age of transparency will revolutionize business[M]. New York: Simon and Schuster.

TIAN Z, WANG R, YANG W, 2011. Consumer responses to corporate social responsibility(CSR) in China[J]. Journal of Business Ethics, 101(2): 197-212.

TIEDENS L Z, LINTON S, 2001. Judgment under emotional certainty and uncertainty: The effects of specific emotions on information processing[J]. Journal of Personality and Social Psychology, 81(6): 973.

TORELLI C J, MONGA A B, KAIKATI A M, 2012. Doing poorly by doing good: Corporate social responsibility and brand concepts[J]. Journal of Consumer Research, 38(5): 948-963.

TROPE, YAACOV, NIRA LIBERMAN, 2003. Temporal construal[J]. Psychological Review, 110(3): 99-403.

TURBAN D B, GREENING D W, 1997. Corporate social performance and organizational attractiveness to prospective employees[J]. Academy of Management Journal, 40(3): 658-672.

TVERSKY A, KAHNEMAN D, 1981. The framing of decisions and the psychology of choice[J]. Science, 211(4481): 453-458.

TYLER T R, 2006. Psychological perspectives on legitimacy and legitimation[J]. Annual Review of Psychology, 57(1): 375-400.

VAARA E, 2003. Post-acquisition integration as sense-making: Glimpses of ambiguity, confusion, hypocrisy, and politicization[J]. Journal of Management Studies, 40(4): 859-894.

VAN DE VEN B, 2008. An ethical framework for the marketing of corporate social responsibility[J]. Journal of Business Ethics, 82(2): 339-352.

VAN MARREWIJK M, 2003. Concepts and definitions of CSR and corporate sustainability: Between agency and communion[J]. Journal of Business Ethics

(44): 95-105.

VANHAMME J, LINDGREEN A, REAST J, et al. 2012. To do well by doing good: Improving corporate image through cause-related marketing[J]. Journal of Business Ethics(109): 259-274.

VARADARAJAN P R, MENON A, 1988. Cause-related marketing: A coalignment of marketing strategy and corporate philanthropy[J]. Journal of Marketing, 52(3): 58-74.

VARGO S L, LUSCH R F, 2004. Evolving to a new dominant logic for marketing[J]. Journal of Marketing, 68(1): 1-17.

VARGO S L, LUSCH R F, 2008. Service-dominant logic: Continuing the evolution[J]. Journal of the Academy of Marketing Science, 36(1): 1-10.

VLACHOS P A, EPITROPAKI O, PANAGOPOULOS N G, et al., 2013. Causal attributions and employee reactions to corporate social responsibility [J]. Industrial & Organizational Psychology, 6(4): 334-337.

WADDOCK S A, GRAVES S B, 1997. The corporate social performance-financial performance link[J]. Strategic Management Journal, 18(4): 303-319.

WAGNER T, LUTZ R J, WEITZ B A, 2009. Corporate hypocrisy: Overcoming the threat of inconsistent corporate social responsibility perceptions[J]. Journal of Marketing, 73(6): 77-91.

WARTICK S L, COCHRAN P L, 1985. The evolution of the corporate social performance model [J]. Academy of Management Review, 10(4): 758-769.

WEBB DEBORAH J, LOIS A, MOHR, 1998. A typology of consumer responses to cause-related marketing: From skeptics to socially concerned[J]. Journal of Public Policy and Marketing, 17(2): 226-238.

WEHMEIER S, SCHULTZ F, 2011. The Handbook of Communication and Corprate social Responsibility[M]. Oxford: Wiley-Blackwell: 467-488.

WERBACH K, HUNTER D, 2012. For the win: How game thinking can revolutionize your business[M]. Philadelpha, PA: Wharton Digital Press.

WHEELER D, MARIA S, 1998. Including the stakeholders: The business case[J]. Long Range Planning, 31(2): 201-210.

WOODWARD D G, EDWARDS P, BIRKIN F, 1996. Organizational legitimacy and stakeholder information provision 1[J]. British Journal of Management, 7(4): 329-347.

WU F, MAHAJAN V, BALASUBRAANIAN, 2003. An analysis of E-busin ess adoption and its impact on business performance[J]. Academy of Marketing Science Journal, 31(4): 425-447.

YELENA T, DEWI T, 2015. Consumers' forgiveness after brand transgression: The effect of the firm's corporate social responsibility and response[J]. Journal of Marketing Management, 31(17-18): 1851-1877.

YI Y, GONG T, 2013. Customer value co-creation behavior: Scale development and validation[J]. Journal of Business Research, 66(9): 1279-1284.

YIU D, MAKINO S, 2002. The choice between joint venture and wholly owned subsidiary: An institutional perspective[J]. Organization Science, 13(6): 667-683.

YOON Y, ZEYNEP G, BEYZA B, 2006. Drawing inferences about others based on corporate social responsibility associations[J]. Journal of the Academy of Marketing Science, 34(2): 167-173.

YOON Y, 2009. The effect of corporate social responsibility activities on companies with bad reputations[J]. Journal of Consumer Psychology, 16(4): 377-390.

YOUN, SEOUNMI, HYUKSOO KIM, 2018. Temporal duration and attribution process of cause-related marketing: Moderating roles of self-construal and product involvement[J]. International Journal of Advertising, 37(2): 217-235.

YOUNG S L, MAKHIJA M V, 2014. Firms' corporate social responsibility behavior: An integration of institutional and profit maximization approaches[J]. Journal of International Business Studies, 45: 670-698.

ZHANG M X, JOLIBERT A, 2003. Les valeurs traditionnelles des acheteurs chinois: Raffinement conceptuel, mesure et application[J]. Recherche et Applications en Marketing(French Edition), 18(1): 25-42.

ZHAO X, LYNCH J, CHEN Q, 2010. Reconsidering baron and kenny:

Myths and truths about mediation analysis[J]. Journal of Consumer Research, 37(2): 197-206.

ZHAO E Y, FISHER G, LOUNSBURY M, et al., 2017. Optimal distinctiveness: Broadening the interface between institutional theory and strategic management[J]. Strategic Management Journal, 38(1): 93-113.

ZIMMERMAN M A, ZEITZ G J, 2002. Beyond survival: Achieving new venture growth by building legitimacy[J]. Academy of Management Review, 27(3): 414-431.